THE MAMMOTH BOOK OF
KAKURO
WORDOKU AND
SUPER SUDOKU

Also available

THE MAMMOTH BOOK OF
KAKURO
WORDOKU AND
SUPER SUDOKU

BEST NEW JAPANESE PUZZLES

Introduced by Nathan Haselbauer,
President of the International High IQ Society

CARROLL & GRAF PUBLISHERS
New York

Carroll & Graf Publishers
An imprint of Avalon Publishing Group, Inc.
245 W. 17th Street
New York
NY 10011-5300
www.carrollandgraf.com

AVALON
publishing group incorporated

First Carroll & Graf edition 2006

First published in the UK by Robinson,
an imprint of Constable & Robinson Ltd 2006

Copyright © Constable & Robinson Ltd 2006

Puzzle compilation, typesetting and design by:
Puzzle Press Ltd
http://www.puzzlepress.co.uk

Wordoku section supplied by
malkhenna@yahoo.co.uk

ISBN-13: 978-0-78671-784-2
ISBN-10: 0-7867-1784-X

Printed and bound in the EU

Contents

Introduction 6

Solving Kakuro Puzzles 8

Other Puzzles in this book 10

The Puzzles

    Kakuro 11

    Sudoku 131

    Wordoku 211

    Tenketsu 291

    Kedoku 321

    Masugo 351

    Suhai 381

    Katagaku 396

Solutions 405

INTRODUCTION

Kakuro is the latest addictive puzzle game of logic and numbers to take the world by storm. Similar to sudoku, but requiring some basic mathematical reasoning, kakuro's blend of total simplicity and devilish complexity has made it almost as popular as sudoku. If sudoku raised the bar, the subsequent story of kakuro's rise to fame presents a clearer example still of how Japan has helped the West re-discover its puzzle-ing urges.

At first glance the kakuro grid looks a little like a crossword grid – and the comparison is telling. The puzzle was first seen in American games magazines in the 1960s under the name Cross Sums, developed at a time when crosswords were the vogue. Lacking in the element of wordplay, however, Cross Sums never matched the popularity of the crosswords that it superficially seemed to resemble.

It took the vision of Japanese puzzle enthusiasts years later to understand the true, logic-based attractions of the puzzle. The Japanese language – or rather the different practicalities of its alphabets – has long made Japanese crossword puzzles less satisfying than western ones. As a result Japan traditionally shows greater appreciation for non-linguistic types of puzzle, especially number or logic puzzles, than in the West.

A key part of kakuro's attraction is the simplicity of its rules. You just fill in the squares using the digits one to nine, making sure that they add up to the number assigned to the row or column. To complete the puzzle requires only patience and modest mathematical ability. Recognizing these qualities, Japanese puzzle aficionados have taken kakuro to heart. The name they give it derives from the Japanese *kasan kuroso*, combining the words 'addition' and 'across'.

Sudoku's story matches that of kakuro in many respects. Both are puzzles that struggled to make themselves felt in the crossword-dominated marketplace of the West, before finally achieving mass popularity by way of Japan. Yet, as this collection shows, Japan has not only breathed life into western puzzles. It has invented many more.

The Mammoth Book of Kakuro, Wordoku and Super Sudoku: Best New Japanese Puzzles offers a selection of the best examples, including true-bred varieties like Tenketsu (also known as Slitherlink) and Katagaku, as well as hybrid challenges such as Kedoku, which combines the tangram from China with the nonogram, itself a puzzle that recently reappeared in the West after being re-discovered in Japan!

In the spirit of invention and re-invention, no collection of this kind could be complete without that Frankenstein of the puzzle world: Wordoku, Britain's own variant of sudoku. If sudoku came full circle – beginning life in Switzerland (or was it America?) and travelling all the way around the world before reaching today's UK and US newspapers – then wordoku piles on another half-turn. Wordoku adds back the element of wordplay so beloved of the West.

In total the book contains over 400 puzzles, ranging from easy – for complete novices – to fiendishly difficult. If you're like me you'll catch the bug for each type after just your first attempt. Like all good puzzles, the rules are always simple to learn but the game is difficult to master. Patience and practice are the two keys to a long, successful career of Japanese puzzle solving. Good luck!

SOLVING KAKURO

The object of the puzzle is to place a number into every blank square, so that the numbers in each row or column add up to the 'clue' total shown at the beginning of that row or column.

Only the digits 1 to 9 may be used (zero is not allowed) and no digit may be used more than once per 'clue' total.

For example, the top left-hand corner of a puzzle might look like this:

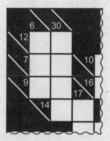

The three digits making a total of '6' as shown in the first 'down' clue must be 1, 2 and 3.

The first 'across' clue gives a total of '12', so the number in the top left square must be 3 – otherwise the second number making a total of '12' is either 10 or 11 which, since these numbers consist of two digits, isn't possible; and the second number is thus 9:

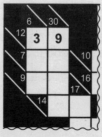

The second 'across' clue gives a total of '7', and the number directly below the recently placed 3 is either a 1 or a 2 (to make a total of '6' in the first 'down' clue), so the '7' is either 1+6 or 2+5.

The third 'across' clue gives a total of '9', and the number directly below the recently placed 3 is either a 1 or a 2 (to make a total of '6' in the first 'down' clue), so the '9' is either 1+8 or 2+7:

The second 'down' clue gives a total of '30', so now you would need to discover a combination of four numbers which totals '30'. The 9 already placed is one of these numbers, so the first three numbers are either 9+6+7 or 9+5+8, both of which give a total of 22. So the remaining number is 8. Since two 8s cannot appear in the same calculation, the total of '30' is made up of 9+6+7+8. Thus the first 'down' clue is made up of 3+1+2, like this:

and so you would continue to work in the same way, making similar calculations throughout the puzzle.

OTHER PUZZLES IN THIS BOOK

Sudoku

Each row and column and each smaller box of nine squares contains a different number from 1-9. Some are already placed in the grid and logic is required to determine the location of the numbers in the unfilled squares. Puzzles range in order of difficulty from warm-up to expert level.

Wordoku

Like a Sudoku puzzle, but with an added twist: the finished puzzle contains a word when the shaded squares are read.

Tenketsu

Travel from dot to dot, ending back where you started, by inserting the correct number of lines around each number.

Kedoku

Fit the pieces into the grid, according to the clues given at the top and left-hand side of the puzzle.

Masugo

Place the numbers 1-6 in the grid, according to the given clues, so that every row and column contains a different number.

Suhai

Place a circle in the correct squares, with only the numbers in the grid to act as a guide.

Katagaku

Every row and column of the grid contains different shapes, the location of which can be determined by following the clues on all four sides of the grid.

Instructions on how to solve these puzzles can be found at the start of each section, and solutions to all of the puzzles are at the end of the book.

No 1

No 2

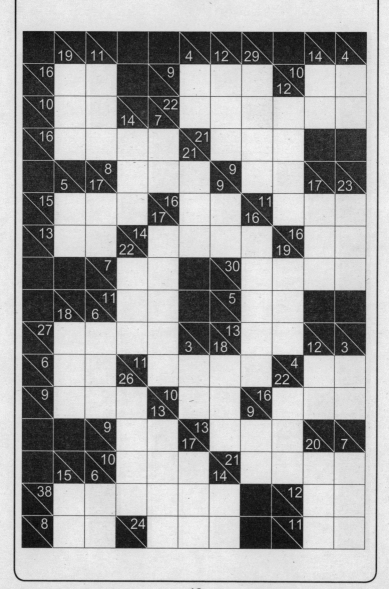

No 3

No 4

No 5

No 6

No 7

No 8

No 9

No 10

No 11

No 12

No 13

No 14

No 16

No 17

No 18

No 19

No 20

No 21

No 22

No 23

No 24

No 25

No 26

No 27

No 28

No 29

No 30

No 31

No 32

No 33

No 34

No 35

No 36

No 37

No 38

No 39

No 40

No 41

No 42

No 43

No 44

No 45

No 46

No 48

No 49

No 50

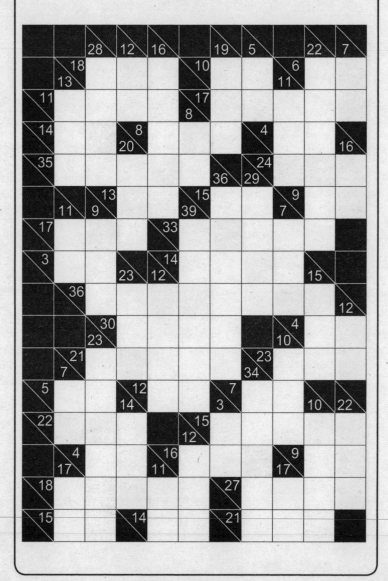

No 51

No 52

No 53

No 54

No 55

No 56

No 57

No 58

No 59

No 60

No 61

No 62

No 63

No 64

No 65

No 66

No 67

No 68

No 69

No 70

No 71

No 72

No 73

No 75

No 76

No 77

No 78

No 80

No 81

No 82

No 83

No 84

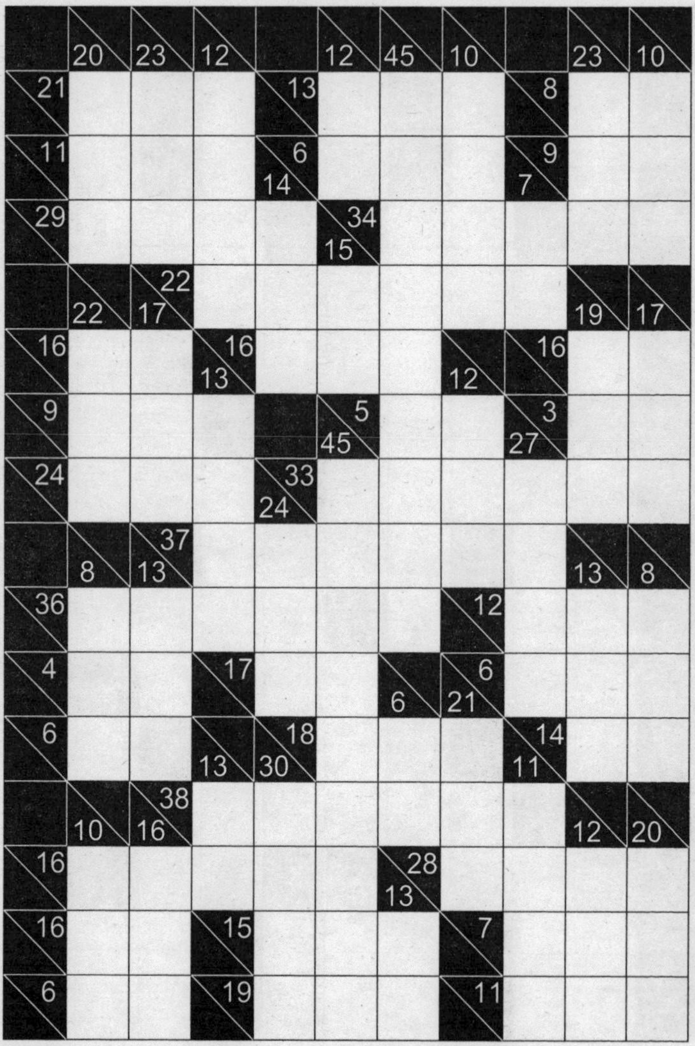

No 85

No 86

No 88

No 89

No 90

No 91

No 92

No 93

No 94

No 95

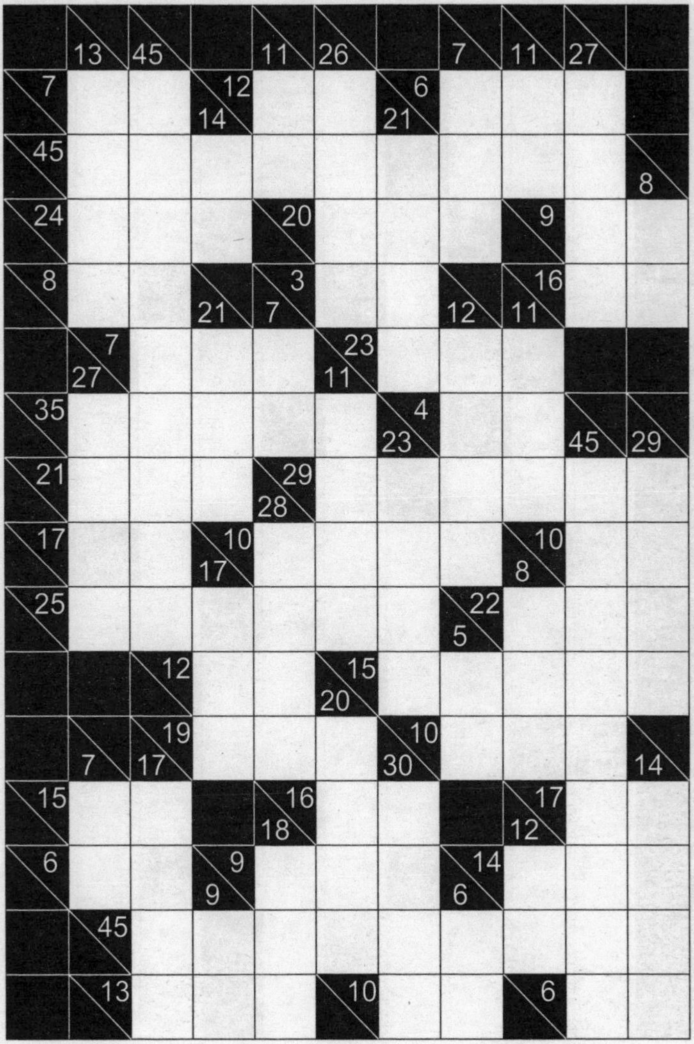

No 96

No 97

No 98

No 100

No 101

No 102

No 104

No 105

No 106

No 107

No 108

No 109

No 110

No 111

No 112

No 113

No 114

No 115

No 116

126

No 118

128

No 119

No 120

Sudoku

Place a digit in every square, so that each row, each column and each box contains a sequence of different digits. Some numbers are already in place and logic is required to determine the location of the remaining numbers.

Puzzles range in order of difficulty from warm-up level with grids of 16 squares using the numbers 1-4:

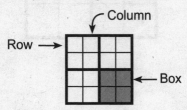

Row →   Column

Box

through grids of 36 squares, using the numbers 1-6, up to the standard size of sudoku, with 81 squares using the numbers 1-9.

In this example, the 2 in the top row cannot be in the first square, since there is already a 2 in the first column, so it is in the second square; thus the 4 in the first row is in the first square:

In the first column, the 3 can't be in the lowest square, since there is already a 3 in the lowest row, so it is in the second square; thus the 1 is in the lowest square:

From here, you can now fill in the 4 in the lowest left-hand box of four squares, as well as the 2 in the lowest row; then continue to compare rows, columns and boxes until the puzzle is complete.

No 121

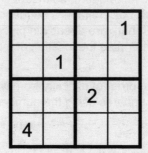

No 122

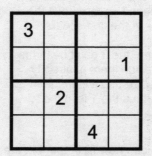

No 123

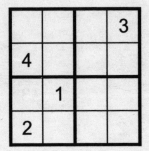

No 124

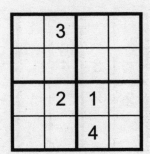

No 125

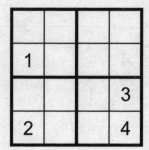

No 126

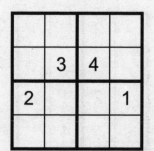

No 127

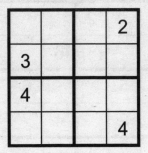

No 128

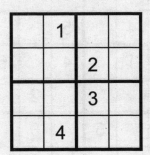

No 129

		2			4
3			5		
	5			6	
	2		4		
		4		3	
6			1		

No 130

			6		
	4		5		
	1		4		6
6				2	
1		5		3	
		3			

No 131

	6		1		5
5				3	
		2			
	1			4	
		6		1	
	4		5		

No 132

2	1				3
		6	4		1
			5	3	
	2				
6		5			4
					5

No 133

5					3
		6	4	5	
4	3				
		5	3		
1		4			2
	6		1		

No 134

4			2		
		6		5	
				3	
2			4		
	5				1
1		4		2	

No 135

	4	2			
					6
				1	
4		1	3		2
1		6			3
	3		6		

No 136

	3		1		
1					5
5	6		4	3	
					6
	1		2		4

No 137

1		6		7			4	9
			3	4	2			
2						7	8	
		1			7	9	3	8
	2		9		4		7	
7	9	5	1			6		
	7	8						1
			4	5	9			
6	4			1		3		2

No 138

			7	1	6		3	
6	3	8		2			1	
			3		8		4	
		2	5		9			7
5	9						8	4
7			2		4	3		
	2		9		1			
	1			4		9	7	6
	7		6	5	3			

No 139

3		8	7		5	1		9
	7			3			6	
9			1		2			3
	3		4	8	1		5	
4		2				3		8
	5		3	2	9		1	
2			8		3			6
	9			1			2	
6		7	2		4	5		1

No 140

5				4		6	9	
	6	3		1	8		7	
2	4	1	9					
8				2	5			
7		2				3		9
			3	7				8
					6	1	8	4
	9		1	3		2	5	
	7	4		5				3

No 141

2		5		4			3	
		7	6	1		2		8
					5	4	9	1
	6			7	8			
8	5						7	9
			3	9			6	
1	4	6	2					
9		3		8	1	5		
	8			3		7		4

No 142

6		7			1		5	
	2		4			7	3	
9				6	2	4		
1	8	3		7	6			
		4				9		
			1	5		8	7	3
		8	2	3				5
	1	2			9		8	
	7		5			6		4

No 143

3	4				2		8	6
	5	6	1			7	2	
	7			4			3	
7		9		3	6			
		5				1		
			5	8		4		9
	3			2			9	
	9	8			7	2	4	
5	2		9				1	8

No 144

5		1			3			
		9		4	7		2	1
	7				2	5	3	
6		5			8		1	
3			2		5			9
	4		9			8		6
	8	2	7				6	
7	6		3	1		2		
			8			9		4

No 145

9	6					8		
	1	7		8		4		5
			1	3	2			
8					6	9	5	2
	4		2		1		6	
3	2	6	8					7
			5	1	4			
7		8		6		2	1	
		4					9	6

No 146

	5			1	2	7		
4		3			6			5
			3			4	8	6
9				4		5	6	
2			1		7			8
	7	4		9				2
5	2	9			4			
1			9			6		3
		8	5	7			9	

149

No 147

	8	7					1	
		4	7		8	2		
		3	1	2			9	7
6	3		9	1				
9			4		6			2
				5	7		6	8
7	1			3	5	6		
		2	6		9	3		
	4					5	8	

No 148

	9			5			4	
		7	6		1	5		
8		5	3		9	7		1
	3		7	6	5		1	
6		2				8		5
	5		1	8	2		3	
9		4	2		6	1		3
		6	5		8	4		
	7			1			6	

No 149

		7	9	6	1	3		
	9				8			1
	4	3			5	9	8	
6			8				9	
	5	2				6	7	
	1				7			4
	3	1	4			5	2	
7			5				6	
		5	7	2	9	8		

No 150

9	4	6	3					
		2		9			7	3
7	8			4	1			5
			8	5		1		
	6	5				3	8	
		1		6	2			
3			4	8			6	2
5	9			2		8		
					7	9	4	1

No 151

9	8							2
	6		2	3		8		1
	5		8		9		3	
6		7	1	2				
		1	5		7	3		
				4	8	9		7
	3		7		1		6	
2		8		6	4		7	
5							4	9

No 152

2	6		5		7		8	3
3			8		9			2
		5		2		4		
		7	2	9	3	8		
1	9						2	6
		2	1	6	8	7		
		3		8		9		
9			6		2			4
4	5		9		1		7	8

No 153

1		9		2	3		4	
					5		7	8
	4	5			1	9		
		8			7		5	9
3			6		4			7
9	6		5			2		
		1	4			3	6	
6	2		3					
	7		1	8		4		2

No 154

	2				4			
		4	1	5		3		2
8		7			3		4	
5		6	8			9		1
	3			9			5	
7		9			2	6		4
	1		7			2		6
2		8		4	9	5		
			6				8	

No 155

	4				1	7		
2	7		3	4				6
	3	8			6			9
3		7		2			9	
		1	6		3	2		
	6			1		4		5
5			7			1	6	
9				8	4		5	7
		3	5				8	

2				1		4	8	9
6			8		2			
9			4	7	5			
	6		7		8	9		
8		7				1		3
		9	6		1		5	
			9	2	4			5
			5		3			1
5	3	4		6				2

No 157

	4	8		5		7	2	
	6						1	
		2	1		6	3		
			3		4			
	1						4	
			7		5			
		5	4		9	2		
	7						9	
	9	4		3		6	5	

No 158

	5						3	
			2	8	3			
	2	3	5		9	4	8	
	6	7	3		8	2	1	
		8				7		
	3	2	4		1	8	6	
	4	6	8		5	3	7	
			6	4	7			
	9						4	

No 159

				3				
2			6		7			9
	7		1		9		8	
4	6		3		2		1	8
		7		5		3		
8	1		4		6		9	2
	4		9		3		5	
6			5		4			1
				6				

No 160

6								8
		5	9		6	3		
	4	9		1		6	5	
	7			8			6	
			2		4			
	6			7			1	
	9	7		3		1	8	
		3	6		7	4		
4								2

No 161

	6			4				
2		3	5		1			
9		4	2		8			
3		1	7		9	6		
	9						1	
		6	4		5	7		3
			3		4	2		1
			1		6	8		7
				2			4	

164

No 162

1			9		3			7
3		2		5		8		4
8	3						6	5
	9	1				3	4	
7	2						1	8
9		7		8		5		6
6			2		7			3

No 163

5		3				9		1
		6	8		9	3		
	8						6	
3				4				8
		7	9		2	1		
8				6				9
	2						4	
		5	7		8	2		
1		8				7		6

No 164

7		9		4		2		8
5			1		6			9
		6				1		
			2		5			
		2				6		
			4		7			
		3				7		
9			3		2			4
1		4		5		3		2

167

No 165

				4			6	8
		7	9		6			
					7			5
3		1			2			
8				6				4
			7			3		6
6			5					
			6		1	2		
5	9			8				

No 166

6					5			
7				8		5	2	1
4			7	2				
	6					7		
2		3				1		9
		5					8	
				3	7			4
1	9	7		6				5
			9					8

169

No 167

		8			9			
				2	4		3	7
							1	
8		7			6	9		
	5			7			2	
		1	8			7		3
	7							
3	2		7	5				
			4			6		

No 168

		4	7		3	2		
	3		5		2		6	
9				8				7
8		9				4		3
	5						9	
1		2				8		5
2				7				9
	1		9		4		2	
		7	6		8	1		

No 169

	5		8		7		3	
	7	8		9		5	4	
		1				8		
			5		1			
		2				7		
			7		9			
		4				2		
	6	7		5		3	1	
	3		4		2		9	

No 170

	7		3		8		1	
		8				5		
9			6		4			2
3		6	7		1	2		4
5		2	8		6	9		1
8			4		5			7
		4				3		
	9		1		3		2	

No 171

7		8					2	
3					2	5		
	2				3		6	4
4			3					
		1				9		
					9			6
1	6		5				7	
		3	4					1
	5					8		2

No 172

		1				8		
5	3						6	9
		8	6		9	7		
3				5				8
		4	3		1	5		
2				4				1
		9	7		6	2		
7	6						1	4
		2				3		

No 173

4		7		6		9		2
	3						8	
	1		3		2		5	
		8		3		5		
			1		6			
		9		4		8		
	9		7		4		6	
	8						4	
7		5		1		2		3

No 174

		1	3					
	2	3		8				
			1		4			5
4		7			5			
		8		1		9		
			6			1		7
6			2		1			
				9		8	1	
					6	3		

No 175

	3						4	
	8			3	5		7	
2			8					
	7	1		4				
	2	6	1		3	4	9	
				2		6	5	
					4			5
	9		5	8			3	
	1						6	

No 176

	6	1		3	7			
	7	9						
3					4			2
			2					9
	3			7			6	
5					8			
8			9					6
						9	5	
			4	6		7	1	

No 177

		3				9		
	2		3		6	8		7
	4			2	9			
1	3				4			
7		5				4		2
			5				6	9
			9	6			7	
9		4	1		7		5	
		8				6		

No 178

	3							
			5			9	8	
				3	1		5	
4				1		7		
		3	8		2	6		
		7		6				9
	8		4	2				
	5	2			6			
							6	

No 179

		8		9			4	
			1			2		
7			3			6		9
	8	7			6			
9								8
			4			5	2	
8		5			3			4
		4			5			
	6			7		1		

No 180

8			2	4				
	1		6		8			
6	4	7						
9			7	8				
		6				3		
				9	4			5
						2	7	8
			5		3		4	
				1	2			3

No 181

5			4				2	
						8		3
	6		1				9	
	7		8			5		6
			6		2			
1		6			5		7	
	2				1		3	
3		1						
	5				3			8

No 182

					7		1	
	2			9		3		
8					5		6	9
	8	2	6					
9								2
					3	1	4	
2	4		5					3
		6		8			7	
	3		4					

No 183

3	8							
			7		9	3		
	6	2					4	
1				5				
		4	3		8	7		
				1				5
	7					2	8	
		3	6		5			
							6	1

No 184

7					4		9	
		9	8			5		2
					3		7	
9		1	3	2				
				4	7	1		6
	1		4					
3		2			8	4		
	9		1					3

No 185

					5			
			8	7		5		
7						9	6	
	3			9		6		
	2		1		7		4	
		7		2			1	
	9	6						4
		2		4	8			
			3					

No 186

	1				3			6
3	2			8				9
					9	1	5	
	9	3	8				1	
		7				9		
	4				5	3	6	
	7	8	4					
4				5			8	2
2			6				3	

No 187

4	5		9					3
				7		6	5	
	9	6	8					
1	6					5		
		2					7	1
					1	2	3	
	7	3		2				
5					6		4	7

No 188

			8				4	
		6						3
7		5		2		8		
			2		9		1	
		2		6		3		
	8		4		3			
		7		3		2		6
1						5		
	9				7			

No 189

		4	5					
	5			9			6	
7	1		6			5		
					7		2	8
		6				9		
1	2		4					
		8			1		4	3
	7			5			9	
					3	7		

No 190

	7	6	2		3			8
	4						2	
				8	4			9
3		4	5	6				
	9						5	
				4	9	1		2
6			4	3				
	3						7	
5			1		6	4	9	

No 191

4	2				7		3	
				5		8		4
7		8			6			
8	9					4		
		1					9	5
			9			1		3
5		3		1				
	4		8				5	2

No 192

	8	5			2			7
	3				9		8	
		2	4					6
						9	2	
7								4
	5	1						
2					8	4		
	6		9				7	
8			7			6	3	

195

No 193

			9		6			2
8		7				1		
	3	6						
	9			3				
1			7		2			5
				9			3	
						7	2	
		5				6		8
2			4		1			

No 194

2			6				3	
	6	9						
4			9					6
1					3	2	5	
			4		5			
	9	5	2					1
5					9			8
						3	6	
	2				7			4

No 195

			1	8				5
2								
			7					
	7	1					8	
	3			9			2	
	5					6	4	
				6				
								1
4				3	2			

No 196

	9				1			
1				4		6		3
		8						5
	7		2		4			
3				6				4
			3		9		8	
6						4		
5		1		3				7
			7				2	

		5					8	
8		4		3				
			9				6	4
					6		2	
6		3		5		4		7
	1		7					
5	7				2			
				4		8		5
	4					1		

No 198

	9			5		4	1	
						7		
2			8					
			2		3			8
		3		7		5		
6			5		9			
					1			9
		4						
	7	5		3			2	

201

No 199

		8			6		5	
	2				3	9		
4			2					
	7		9				1	
		2	7		8	5		
	6				2		3	
					9			4
		3	6				2	
	1		3			6		

No 200

	4		3		6	1		
		9		4			8	
7								
	8	6		9	4			5
4			5	3		8	6	
								7
	5			2		6		
		2	1		8		4	

No 201

	7	8						1
			4					8
		5		6				
1								2
	3			5			6	
8								4
				7		9		
4					2			
7						4	3	

No 202

6				7		4		
				6		5	3	
1	5				8			
2			7					
		9		4		6		
					1			8
			3				6	7
	4	6		9				
		5		1				4

No 203

1					2		4	
	7				1			2
		8	3					
	2		7				1	
6			9		5			7
	4				3		5	
					7	8		
3			2				7	
	6		1					9

No 204

1		4		7				
			9			1	8	
2				5			4	
					5		6	
7				4				1
	3		8					
	1			8				4
	5	2			6			
				1		9		2

No 205

	9	4					1	
	3	7		6				
					9			2
			2					4
		6		3		5		
9					8			
8			1					
				5		6	7	
	5					3	9	

No 206

	9		3					1
	5			1			3	
		1		5				8
		2			8	3		
			6		3			
		7	9			4		
1				9		7		
	2			8			4	
9					5		8	

No 207

	5					8		
2			9					5
				5		1	6	
			4					3
9		1		8		5		6
7					2			
	8	6		1				
1					7			4
		3					9	

Wordoku

These full-sized sudoku grids are solved in exactly the same way as a sudoku puzzle, except that letters are used instead of numbers.

All nine letters needed to solve the wordoku are shown somewhere in the grid at the start of the puzzle and, as with sudoku, every row, column and box of nine squares must contain a different letter.

When finished, the letters in the shaded squares spell out a word, as in the finished example below:

R	D	O	A	T	E	H	C	S
T	A	H	C	D	S	O	E	R
E	S	C	O	R	H	D	T	A
O	H	D	E	A	T	S	R	C
C	E	S	R	H	D	T	A	O
A	R	T	S	C	O	E	H	D
S	C	E	H	O	A	R	D	T
D	O	A	T	E	R	C	S	H
H	T	R	D	S	C	A	O	E

No 208

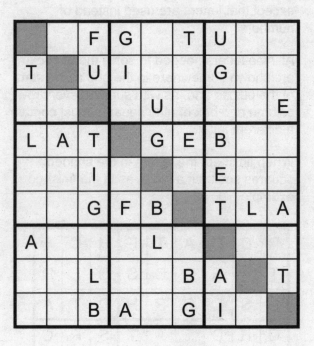

The word is:

_____

No 209

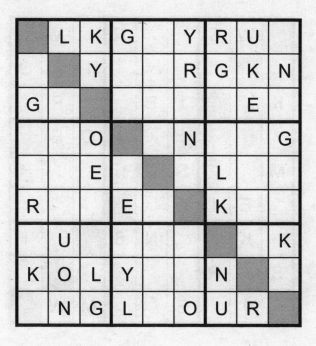

The word is:

_____

No 210

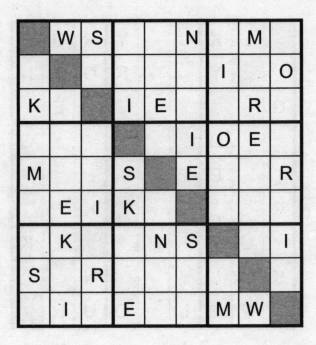

The word is:

No 211

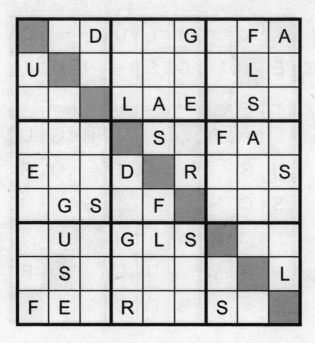

The word is:

_____

No 212

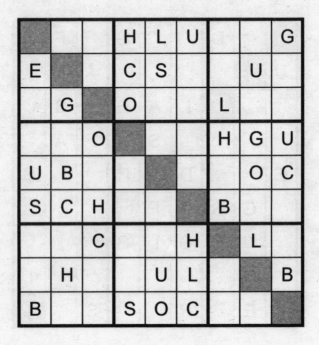

The word is:

_____

No 213

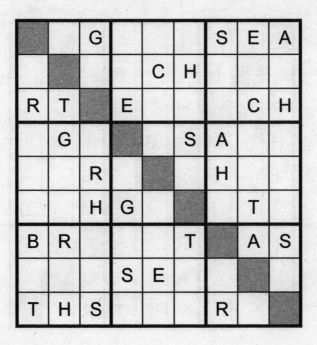

The word is:

_____

No 214

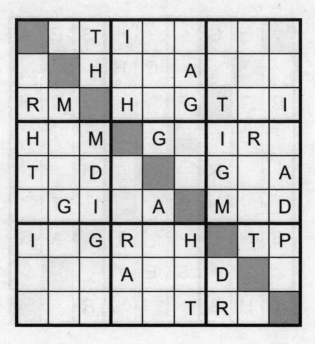

The word is:

_____

No 215

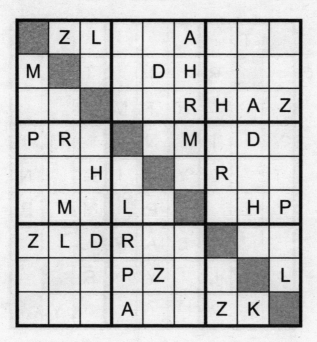

The word is:

_____

No 216

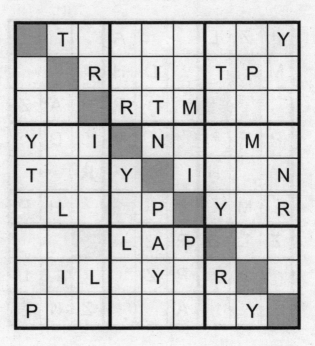

The word is:

_____

No 217

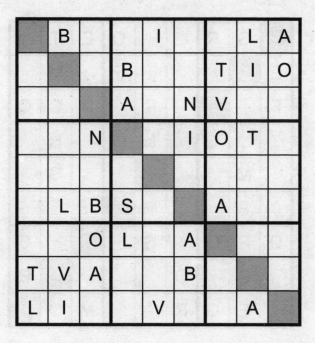

The word is:

_____

No 218

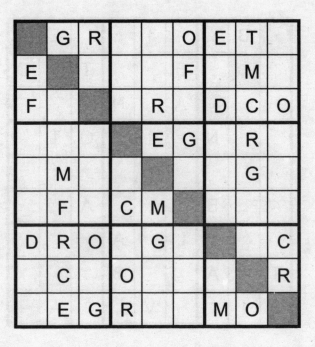

The word is:

_____

No 219

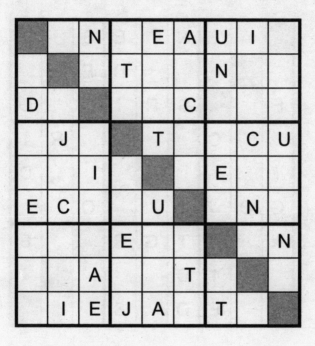

The word is:

No 220

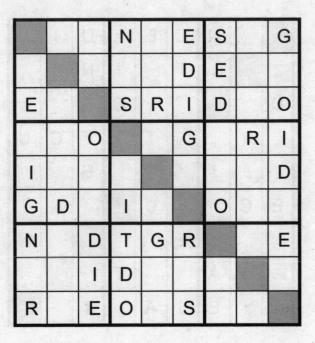

The word is:

_____

No 221

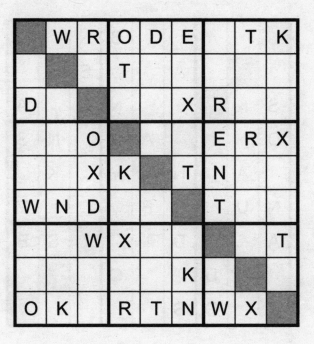

The word is:

No 222

The word is:

_____

No 223

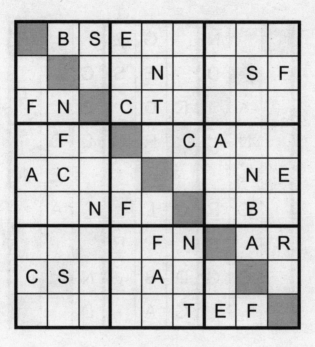

The word is:

No 224

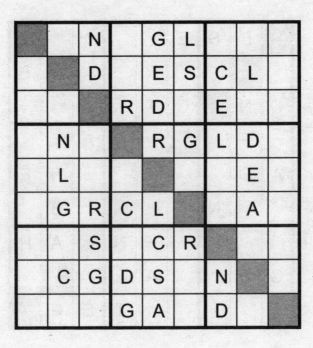

		N		G	L			
		D		E	S	C	L	
			R	D		E		
	N			R	G	L	D	
	L						E	
	G	R	C	L			A	
		S		C	R			
	C	G	D	S		N		
			G	A		D		

The word is:

_____

No 225

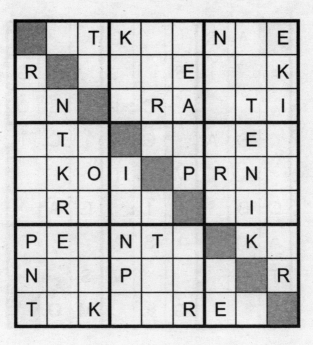

The word is:

No 226

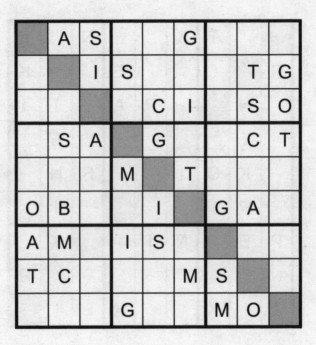

The word is:

_____

No 227

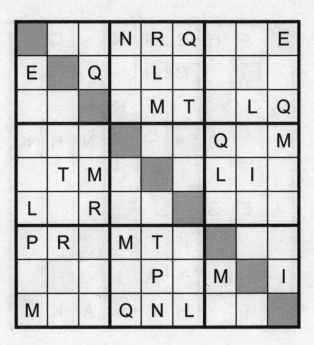

The word is:

_____

No 228

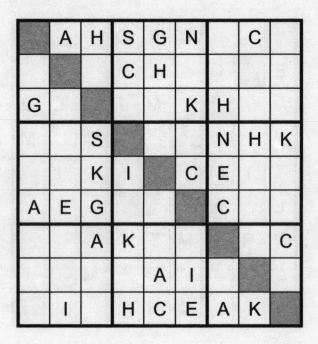

The word is:

_____

No 229

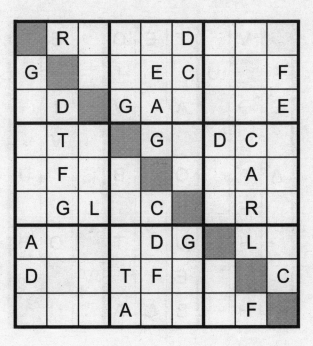

The word is:

No 230

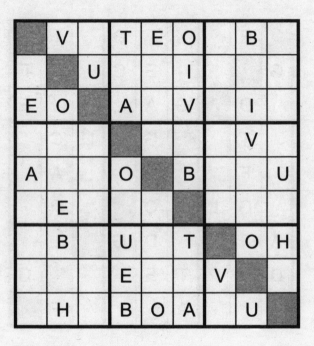

The word is:

_____

No 231

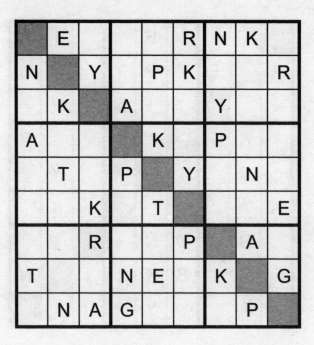

	E				R	N	K	
N		Y		P	K			R
	K		A			Y		
A				K		P		
	T		P		Y		N	
		K		T				E
		R			P		A	
T			N	E		K		G
	N	A	G				P	

The word is:

No 232

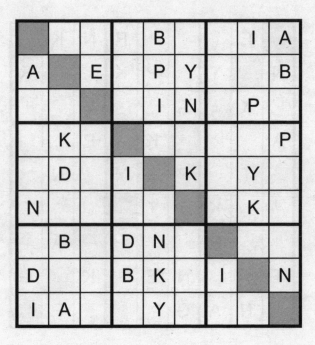

				B			I	A
A		E		P	Y			B
				I	N		P	
	K							P
	D		I		K		Y	
N							K	
	B		D	N				
D			B	K		I		N
I	A			Y				

The word is:

_____

No 233

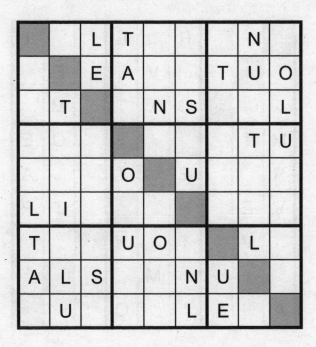

The word is:

_____

No 234

The word is:

_____

No 235

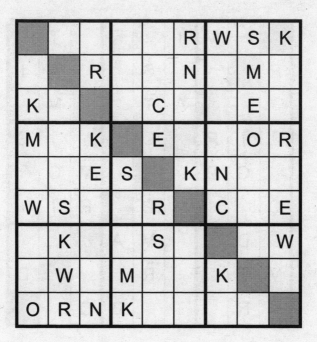

The word is:

_____

No 236

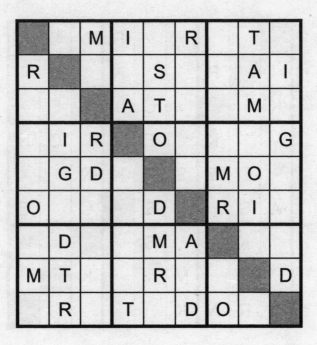

The word is:

No 237

		E				A		
T			M			S	K	H
			L	A	S			
S	T				M		E	
L		K	A		T	P		M
	M		E				H	T
			T	P	H			
K	H	A		E				P
		T				H		

The word is:

_____

No 238

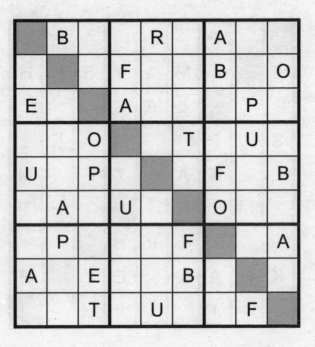

	B			R		A		
			F			B		O
E			A				P	
		O			T		U	
U		P				F		B
	A		U			O		
	P				F			A
A		E			B			
		T		U			F	

The word is:

_____

No 239

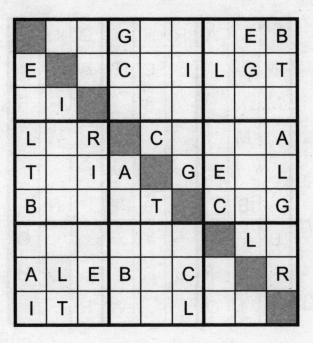

The word is:

No 240

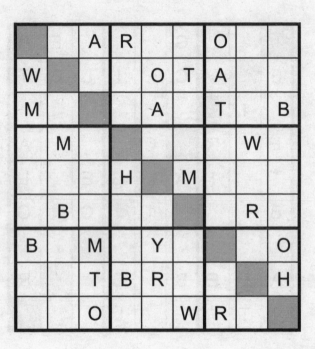

The word is:

_____

No 241

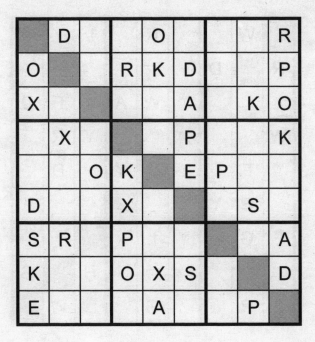

The word is:

_____

No 242

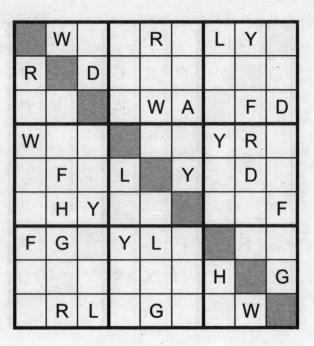

The word is:

No 243

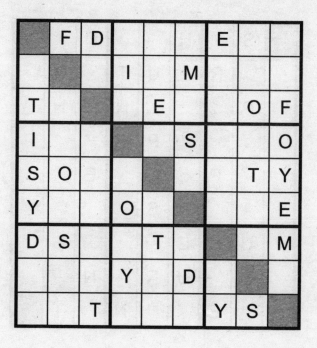

The word is:

_____

No 244

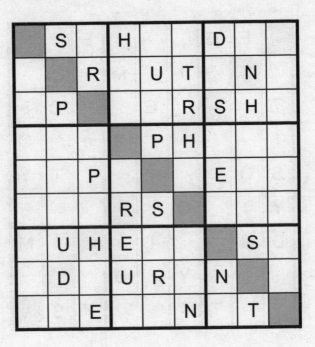

The word is:

_____

No 245

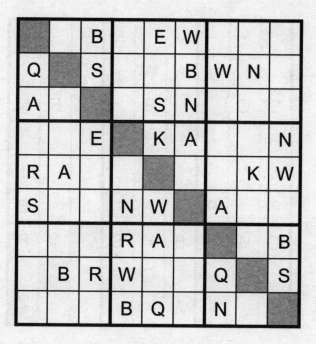

The word is:

_____

No 246

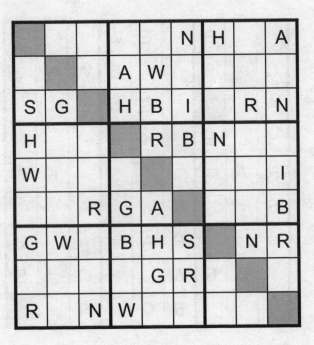

					N	H		A
			A	W				
S	G		H	B	I		R	N
H				R	B	N		
W								I
		R	G	A				B
G	W		B	H	S		N	R
				G	R			
R		N	W					

The word is:

_____

No 247

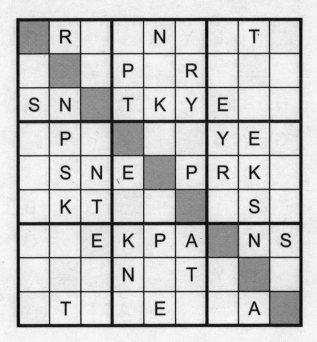

	R			N			T	
			P		R			
S	N		T	K	Y	E		
	P					Y	E	
	S	N	E		P	R	K	
	K	T					S	
		E	K	P	A		N	S
			N		T			
	T			E			A	

The word is:

_____

No 248

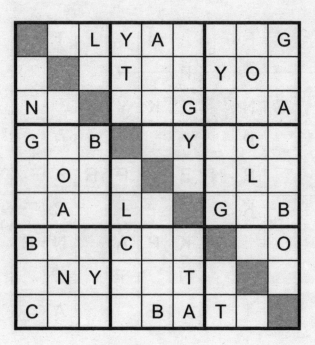

The word is:

No 249

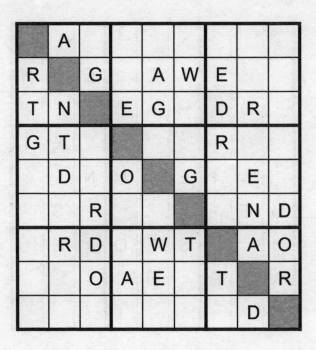

The word is:

_____

No 250

The word is:

No 251

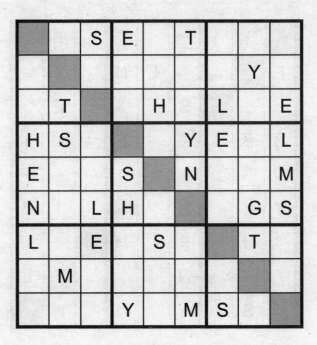

		S	E		T			
							Y	
	T			H		L		E
H	S				Y	E		L
E			S		N			M
N		L	H				G	S
L		E		S			T	
	M							
			Y		M	S		

The word is:

_____

No 252

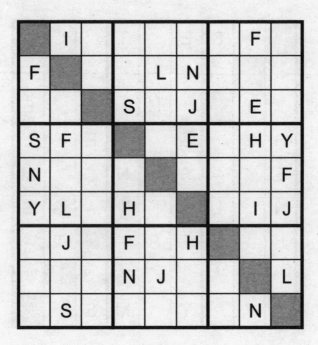

The word is:

_____

No 253

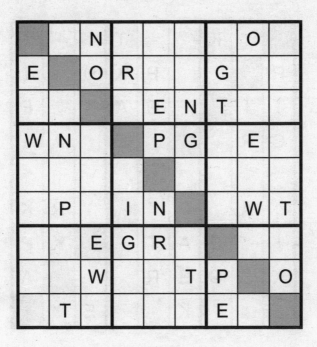

The word is:

No 254

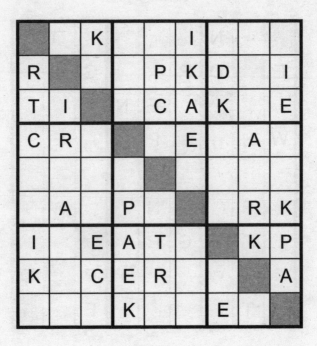

		K			I			
R				P	K	D		I
T	I			C	A	K		E
C	R				E		A	
	A		P				R	K
I		E	A	T			K	P
K		C	E	R				A
			K			E		

The word is:

_____

No 255

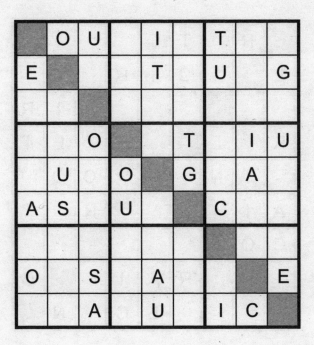

The word is:

_____

No 256

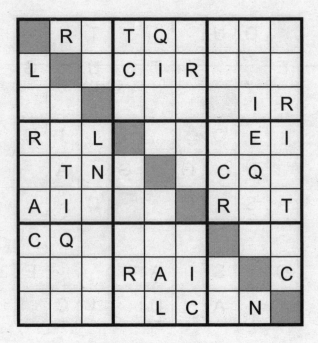

The word is:

_____

No 257

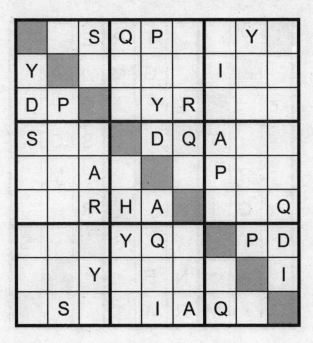

The word is:

No 258

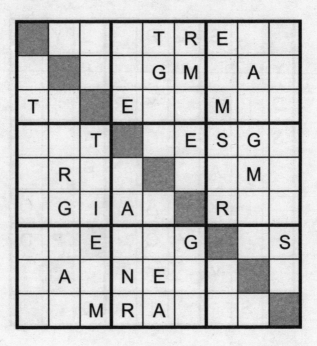

The word is:

_____

No 259

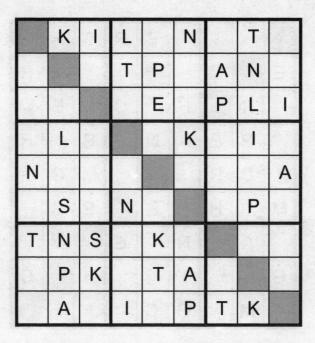

	K	I	L		N		T	
			T	P		A	N	
				E		P	L	I
	L				K		I	
N								A
	S		N				P	
T	N	S		K				
	P	K		T	A			
	A		I		P	T	K	

The word is:

_____

No 260

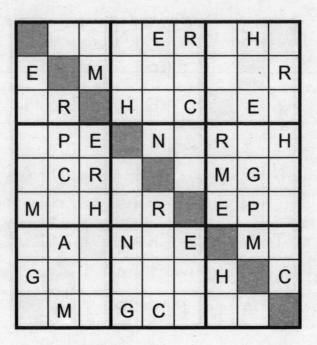

				E	R		H	
E		M						R
	R		H		C		E	
	P	E		N		R		H
	C	R				M	G	
M		H		R		E	P	
	A		N		E		M	
G						H		C
	M		G	C				

The word is:

_____

264

No 261

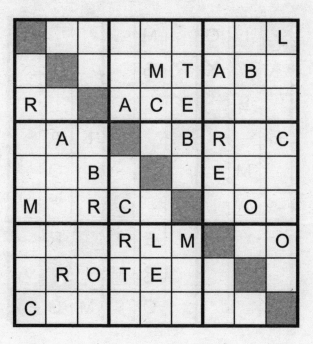

								L
				M	T	A	B	
R			A	C	E			
	A				B	R		C
		B				E		
M		R	C				O	
			R	L	M			O
	R	O	T	E				
C								

The word is:

_____

No 262

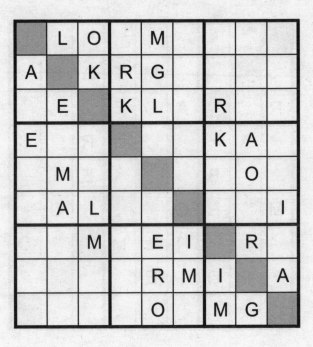

The word is:

_____

No 263

The word is:

No 264

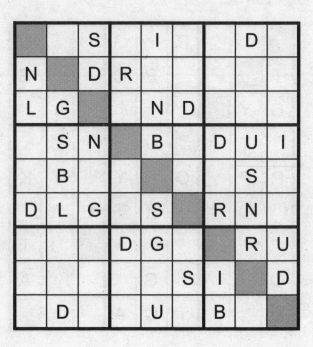

The word is:

_____

No 265

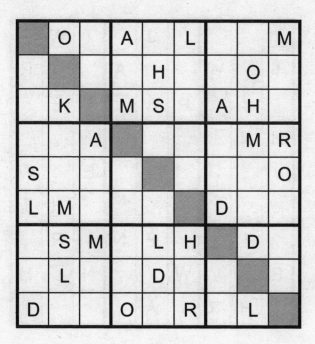

The word is:

_____

No 266

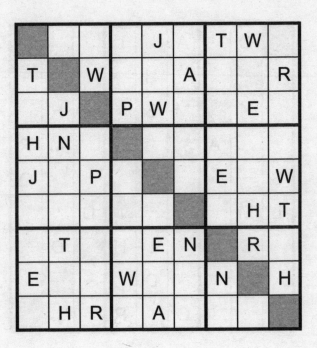

The word is:

No 267

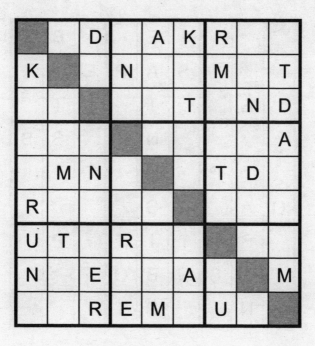

The word is:

No 268

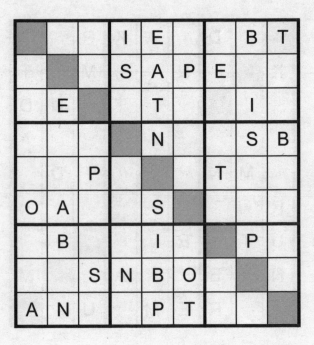

			I	E			B	T
			S	A	P	E		
	E			T			I	
				N			S	B
		P				T		
O	A			S				
	B			I			P	
		S	N	B	O			
A	N			P	T			

The word is:

_____

No 269

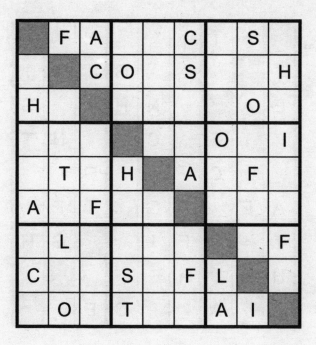

The word is:

_____

No 270

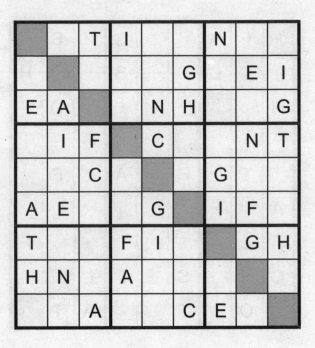

The word is:

_____

No 271

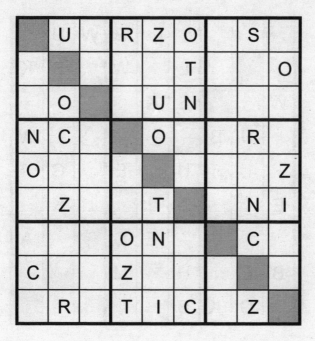

	U		R	Z	O		S	
					T			O
	O			U	N			
N	C			O			R	
O								Z
	Z			T			N	I
			O	N			C	
C			Z					
	R		T	I	C		Z	

The word is:

_____

No 272

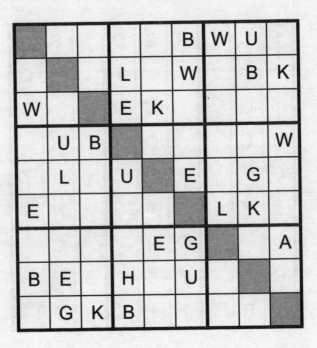

The word is:

_____

No 273

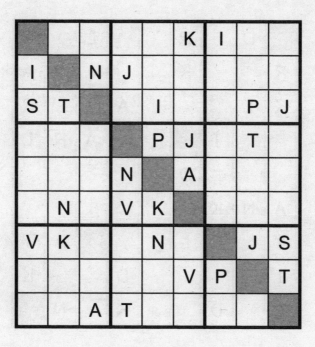

The word is:

_____

No 274

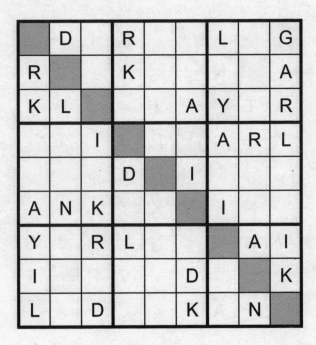

	D		R			L		G
R			K					A
K	L				A	Y		R
		I				A	R	L
			D		I			
A	N	K				I		
Y		R	L				A	I
I					D			K
L		D			K		N	

The word is:

_____

No 275

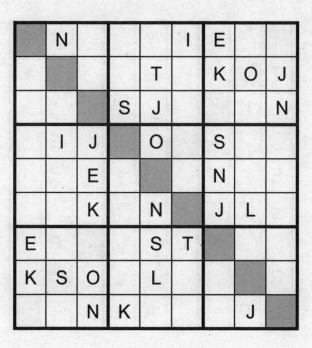

	N				I	E		
				T		K	O	J
			S	J				N
	I	J		O		S		
		E				N		
		K		N		J	L	
E				S	T			
K	S	O		L				
		N	K				J	

The word is:

_____

No 276

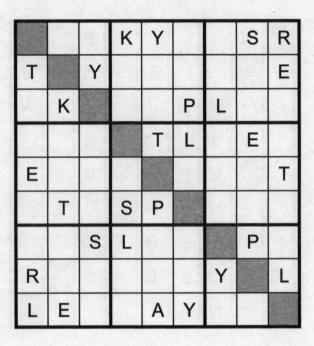

The word is:

No 277

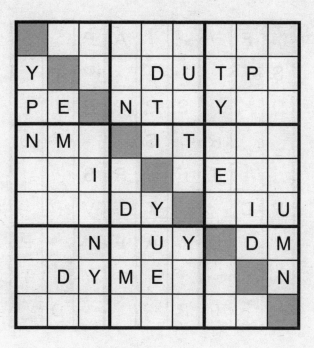

The word is:

No 278

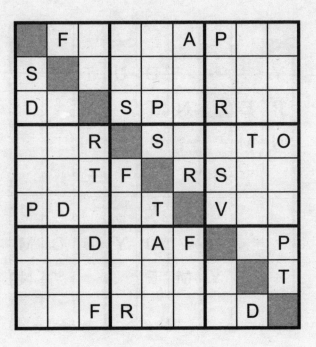

The word is:

No 279

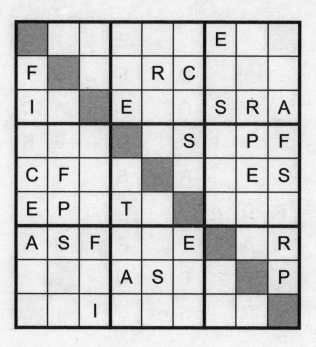

The word is:

_____

No 280

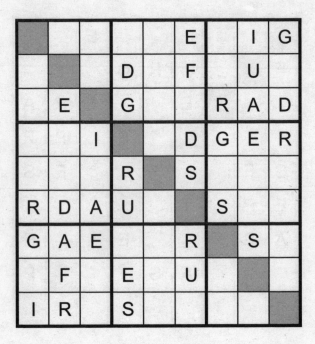

The word is:

No 281

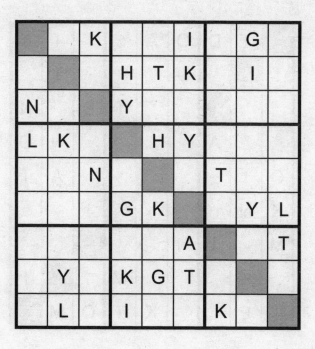

		K			I		G	
			H	T	K		I	
N			Y					
L	K			H	Y			
		N				T		
			G	K			Y	L
				A				T
	Y		K	G	T			
	L		I			K		

The word is:

_____

No 282

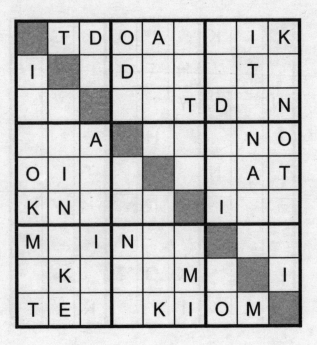

The word is:

_____

No 283

	L	K	D		N	A		
		I						N
N	D		I	L			K	
K				N	R	B		
			B		K			
		A	E	I				K
	K			E	B		L	A
E						K		
		N	R		I	D	B	

The word is:

_____

No 284

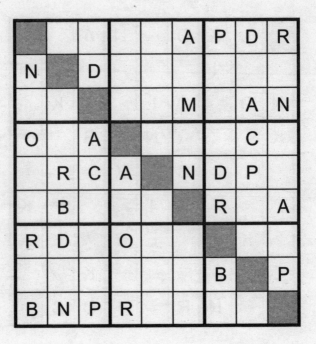

The word is:

_____

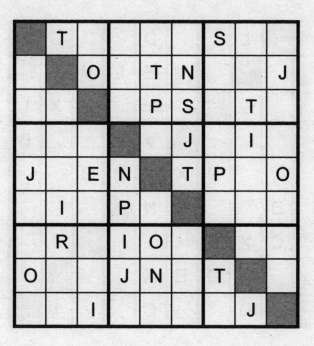

The word is:

_____

No 286

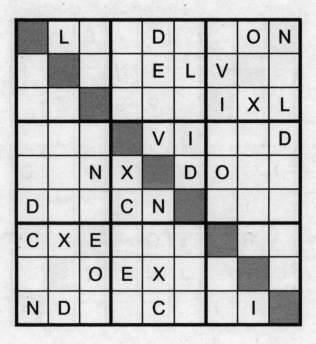

The word is:

Tenketsu

Join the dots and create a continuous 'loop' of straight lines, according to the number within each square. The corners of the squares are marked by dots.

Each number indicates precisely how many sides of that square may be drawn in, to create the 'loop', as in the example of a completed puzzle below:

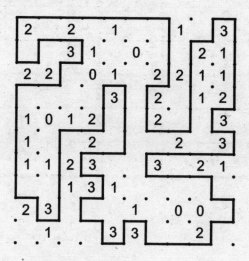

No 287

```
·   ·   ·   ·   ·   ·   ·   ·   ·   ·   ·   ·
  3       1   1       1       1   2
·   ·   ·   ·   ·   ·   ·   ·   ·   ·   ·   ·
  1           0   1       0               3
·   ·   ·   ·   ·   ·   ·   ·   ·   ·   ·   ·
  2       0   2               2   2
·   ·   ·   ·   ·   ·   ·   ·   ·   ·   ·   ·
          3       2   0               1   2
·   ·   ·   ·   ·   ·   ·   ·   ·   ·   ·   ·
    0   1           3   1   1               2
·   ·   ·   ·   ·   ·   ·   ·   ·   ·   ·   ·
  3       3       2   3   1   3   2
·   ·   ·   ·   ·   ·   ·   ·   ·   ·   ·   ·
  2   1           1       3   2   1   2
·   ·   ·   ·   ·   ·   ·   ·   ·   ·   ·   ·
          2       2
·   ·   ·   ·   ·   ·   ·   ·   ·   ·   ·   ·
      1               2       2   1   0
·   ·   ·   ·   ·   ·   ·   ·   ·   ·   ·   ·
  2   3   3           1   2   1   2   1
·   ·   ·   ·   ·   ·   ·   ·   ·   ·   ·   ·
      1   2       2   1   3           2
·   ·   ·   ·   ·   ·   ·   ·   ·   ·   ·   ·
  3   1   2       1       2       0
·   ·   ·   ·   ·   ·   ·   ·   ·   ·   ·   ·
      3   3       3   3   1       2
·   ·   ·   ·   ·   ·   ·   ·   ·   ·   ·   ·
```

```
·   ·   ·   ·   ·   2   ·   ·   3   ·   ·
  2   2   ·   2   ·   2   ·   ·   3   ·   ·
  2   2   ·   3   ·   3   ·   0   ·   ·   2
  1   ·   ·   ·   1   ·   1   ·   ·   0   1
    1   2   1   2   ·   0   2   ·   ·   ·   ·
      0   2   ·   ·   1   ·   2   2   ·   1
  1   ·   ·   ·   ·   2   1   ·   2   0   1
  1   ·   1   1   1   3   ·   ·   2   ·   ·
    1   3   ·   ·   ·   ·   ·   2   2   1
          3   ·   1   ·   ·   0   ·   3
  2   ·   ·   2   ·   3   2   ·   ·   ·   2
    3   ·   1   ·   0   ·   ·   1   2   2
  2   ·   ·   ·   1   1   ·   ·   3   3
·   ·   ·   ·   ·   ·   ·   ·   ·   ·   ·
```

No 289

No 290

```
3     2           2  0     2
3  1  1     0  1     1     1  1
   0        1        1        1
   0        0     2        3  2
   1                 0     2
2  2                       2  2
   3     1  0  1     2  2  2  2
   2     1  2        2  2  1  2
3  2  2        2     1        2
                     0  1  2  2
1        2  0                 0
1  1  2        3     3  0
2              1        1
```

```
· · · · · · · · · · · ·
  2     1     1         3       
· · · · · · · · · · · ·
  1  0  1         1  2  2       
· · · · · · · · · · · ·
  2  2  3     0         1     1 
· · · · · · · · · · · ·
  1  1  0     1  1  0         1 
· · · · · · · · · · · ·
              2     1           
· · · · · · · · · · · ·
  0        1     1     1     1  3
· · · · · · · · · · · ·
  2           2     0  0     2  1
· · · · · · · · · · · ·
     0  0  2                    1
· · · · · · · · · · · ·
                 2  3     3  1  0
· · · · · · · · · · · ·
  2  1                          
· · · · · · · · · · · ·
     3  1  0  2     0     1     3
· · · · · · · · · · · ·
        2  1     2     1     1  
· · · · · · · · · · · ·
  3           1  2  3     1  2  
· · · · · · · · · · · ·
```

No 293

```
·   ·   ·   2   2   ·   3   ·   2   1   3   ·   ·
·   ·   ·   ·   ·   ·   ·   2   ·   1   3   ·   ·
2   0   ·   ·   ·   ·   ·   ·   ·   ·   ·   ·   ·
1   ·   3   ·   1   1   ·   ·   ·   2   2   ·
·   ·   ·   ·   ·   ·   ·   ·   ·   ·   ·   ·   ·
1   ·   1   ·   ·   2   ·   1   1   ·
·   ·   ·   ·   ·   ·   ·   ·   ·   ·   ·
·   1   ·   ·   1   ·   3   3   ·
·   ·   ·   ·   ·   ·   ·   ·   ·   ·   ·
·   2   ·   2   0   ·   1   ·   0   2   ·
·   ·   ·   ·   ·   ·   ·   ·   ·   ·   ·
·   3   ·   2   ·   0   2   ·   ·   ·
·   ·   ·   ·   ·   ·   ·   ·   ·   ·   ·
·   0   2   ·   1   ·   1   1   ·   ·   ·
3   ·   ·   ·   3   2   1   ·   3   ·   ·
·   ·   ·   ·   ·   ·   ·   ·   ·   ·   ·
·   0   ·   ·   1   ·   3   ·   0   2   ·
·   ·   ·   ·   ·   ·   ·   ·   ·   ·   ·
·   0   ·   0   ·   1   ·   1   ·   ·   ·
·   ·   ·   ·   ·   ·   ·   ·   ·   ·   ·
1   ·   2   0   ·   ·   ·   0   ·   2   ·
·   ·   ·   ·   ·   ·   ·   ·   ·   ·   ·
2   ·   ·   ·   ·   0   ·   ·   2   0   ·
·   ·   ·   ·   ·   ·   ·   ·   ·   ·   ·
```

No 294

```
·   ·   3   ·   ·   ·   1   2   ·   1   ·   2   2   ·
·   ·   ·   ·   ·   ·   ·   2   3   1   ·   1   ·   ·
·   ·   ·   ·   ·   ·   ·   ·   ·   ·   ·   ·   ·   ·
·   3   ·   0   ·   ·   ·   ·   ·   ·   ·   ·   2   ·
·   1   0   ·   3   2   2   2   ·   ·   ·   ·   ·   ·
·   ·   ·   ·   0   1   ·   ·   ·   1   2   ·   ·   ·
1   2   3   ·   ·   ·   ·   1   2   ·   ·   2   ·   ·
1   ·   1   ·   ·   ·   0   ·   ·   ·   0   ·   ·   ·
·   ·   0   1   ·   ·   ·   1   3   ·   2   2   ·   ·
2   2   ·   ·   ·   ·   ·   2   1   ·   2   ·   ·   ·
·   3   2   ·   3   ·   ·   1   3   ·   2   ·   ·   ·
1   ·   1   ·   ·   1   ·   ·   1   1   0   ·   ·   ·
1   ·   ·   ·   ·   ·   1   ·   ·   ·   ·   ·   ·   ·
2   ·   2   2   ·   3   2   ·   1   2   2   ·   ·   ·
·   ·   ·   ·   ·   ·   ·   ·   ·   ·   ·   ·   ·   ·
```

```
.   .   .   .   .   .   .   .   .   .   .   .
  2       3           2       1
.   .   .   .   .   .   .   .   .   .   .   .
  1   1       3           1   1   2
.   .   .   .   .   .   .   .   .   .   .   .
  1   1   3   2               2   2   1
.   .   .   .   .   .   .   .   .   .   .   .
  2   0           1   3           1       1
.   .   .   .   .   .   .   .   .   .   .   .
      1   1                   3   1   1
.   .   .   .   .   .   .   .   .   .   .   .
  2           3       2       2
.   .   .   .   .   .   .   .   .   .   .   .
  2   2       2               2           1
.   .   .   .   .   .   .   .   .   .   .   .
      2   1   1   1   0   2
.   .   .   .   .   .   .   .   .   .   .   .
      3           3       3       0   1   3
.   .   .   .   .   .   .   .   .   .   .   .
  2       3   2   1       2           3
.   .   .   .   .   .   .   .   .   .   .   .
  1   0   1           2   2       1       1
.   .   .   .   .   .   .   .   .   .   .   .
          3               0           3
.   .   .   .   .   .   .   .   .   .   .   .
  2   1                   1                   0
.   .   .   .   .   .   .   .   .   .   .   .
```

No 296

```
·  ·  ·  ·  ·  ·  ·  ·  ·  ·  ·  ·  ·  ·
 3  ·  ·  ·  ·  ·  ·  1  ·  ·  ·  2  1  ·  ·
 3  ·  ·  ·  ·  ·  ·  ·  ·  ·  ·  2  2  1
 ·  ·  ·  ·  ·  ·  ·  ·  ·  ·  ·  ·  ·  ·
   1  2  ·  ·  0  1  1  ·  1  ·  ·  ·
 ·  ·  ·  ·  ·  0  ·  ·  ·  1  2  2  1  ·
 ·  ·  ·  ·  ·  ·  ·  ·  ·  ·  ·  ·  ·
 3  2  1  2  ·  ·  ·  2  ·  ·  0  2  ·
 1  ·  3  ·  ·  ·  2  1  1  ·  ·  ·  ·
 ·  ·  ·  ·  ·  ·  ·  ·  ·  ·  ·  ·
         1  1  ·  ·  2  ·  0  2  ·
 ·  ·  3  1  1  2  ·  ·  2  0  1  ·
 1  ·  ·  1  ·  3  ·  ·  ·  1  1  ·
 2  ·  ·  ·  1  2  2  ·  ·  0  ·  ·
 ·  ·  ·  ·  2  2  ·  ·  1  ·  ·  ·  ·
 2  3  3  2  1  ·  ·  ·  ·  0  1  1  ·
 3  ·  ·  ·  0  2  ·  1  2  3  ·  ·
 ·  ·  ·  ·  ·  ·  ·  ·  ·  ·  ·  ·  ·
```

No 297

```
3     1         2
    3     1 3 1 0 1     3 1
        0 0             0 1
1         2     2 1
2 0 1 2 0         1 1 0 1
2 1         0 0       3 1 1
1 2 0         1       1
            2 2                 1
2 1       0     3 1 2 2
      0       1 2     1 1
1 3       0 2       3 1
    3       1         0
        1           2
```

No 298

```
3  3  2           2
1     2  3     0     0  2        2
2                 1  1     1
2     2  2  3  2  2        1        1
         0  1        2        2  3  2
1           1        1  3        2
1     2  2  1                       1
                              0
1  1  3  1        2
1     1  1  2           2  2        2
      0           2           2  0  1
      1           3           2  0  1  2
3  3  3        3  1           2
```

```
·  ·  ·  0  ·  2  ·  1  ·  ·  ·  ·  ·
·  ·  ·  ·  ·  ·  ·  ·  ·  ·  ·  ·  ·
0  1  ·  ·  1  0  ·  ·  1  3  2  ·
2  ·  1  ·  3  ·  ·  ·  0  1  1  ·
·  ·  ·  ·  ·  ·  ·  ·  ·  ·  ·  ·
·  0  ·  1  2  1  3  1  ·  ·  ·  ·
·  ·  ·  ·  ·  ·  2  ·  ·  1  ·  ·
·  ·  ·  ·  ·  ·  ·  ·  ·  ·  ·  ·
1  0  ·  0  ·  ·  ·  0  2  3  ·  ·
·  ·  ·  ·  ·  ·  ·  ·  ·  ·  ·  ·
·  2  3  1  2  ·  2  3  2  1  ·
·  ·  ·  ·  ·  ·  ·  ·  ·  ·  ·
·  2  ·  ·  ·  1  ·  ·  ·  ·  2
·  ·  ·  ·  ·  ·  ·  ·  ·  ·  ·
·  1  1  0  2  ·  2  ·  1  1  2
·  ·  ·  ·  ·  ·  ·  ·  ·  ·  ·
·  1  ·  ·  ·  2  1  1  ·  ·
·  ·  ·  ·  ·  ·  ·  ·  ·  ·
·  2  ·  ·  1  1  1  ·  2  ·
·  ·  ·  ·  ·  ·  ·  ·  ·  ·
·  1  ·  0  ·  ·  1  ·  ·  1
·  ·  ·  ·  ·  ·  ·  ·  ·  ·
·  0  2  ·  1  1  2  ·  ·  0  ·
·  ·  ·  ·  ·  ·  ·  ·  ·  ·  ·
```

No 300

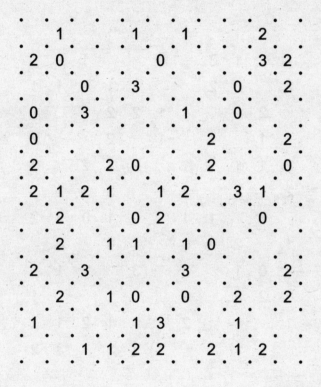

No 301

```
·   ·   ·  1   ·  1   ·   ·  1   ·  2   ·   ·
  ·   ·   ·   ·   ·   0   ·   ·   ·   ·   ·   ·
1   ·  1  3   ·   0   ·   ·  1  3   ·   ·   ·
  ·   ·   ·   ·   ·   ·   ·   ·   ·   ·   ·   ·
2   ·   ·  2   ·   ·   ·  1  0  1  1   ·   ·
  ·  2   ·   ·   ·  1  2  2   ·   ·   ·   ·
  ·  1   ·  1   ·  1   ·  2   ·   ·   ·  2
2  1  1  1  1   ·  2  1  2   ·   ·  3
  2   ·  2   ·  3  1   ·  3  3  2   ·   ·
  ·  2   ·  1  1   ·   ·  1  0  2  2   ·
1   ·  2   ·  0   ·   ·  0   ·   ·  0   ·
  ·  0  1   ·  3   ·  3   ·   ·  1   ·   ·
0  2  3   ·  2   ·   ·   ·  1   ·   ·  1
1   ·   ·   ·  2   ·   ·   ·  1  2  1   ·
  ·   ·  1  1   ·  3   ·  3   ·   ·  3  2
```

No 302

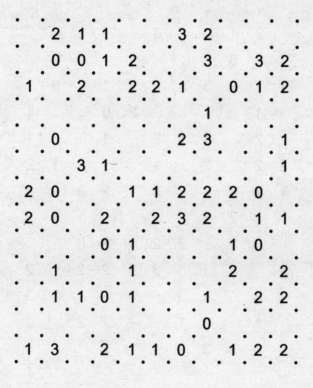

No 303

```
·   ·   ·   ·   ·   ·   ·   ·   ·   ·   ·
   2   1       ·       3   ·       2   3   ·
·   ·   0   ·   ·       1   1       2
·       ·   ·   ·   ·       ·   ·       ·   ·
 3           3       ·   3   1       0
·   ·       ·   ·   ·       ·   ·       ·   ·
     1                   2   0           1
·       2       1   1   2       1           1
·   ·           ·   ·       ·   ·   ·   ·   ·
 2   2       2       1               1   2
·       ·   ·   ·       ·           ·   ·   ·
 1   1   2           2       2   3   2
·   ·       2   1   ·   ·       ·   1   1
·   ·       ·   ·   ·   ·           ·   ·   ·
     3   2       2   2   1   0   0
 2           1       3   2   2   2           2
·   ·   ·   ·   ·   ·   ·       ·   ·   ·   ·
     3       1                       2   3
·   ·       ·   ·   ·   ·   ·   ·       ·   ·
     1       3   1           2   2           2
·   ·   ·       ·   ·   ·   ·   ·   ·   ·   ·
     0       3       1   1   2
·   ·   ·   ·   ·   ·   ·   ·   ·   ·   ·
```

No 304

```
·   ·   ·   ·   ·   ·   ·   ·   ·   ·   ·
  3           1   1   3   1           1
·   ·   ·   ·   ·   ·   ·   ·   ·   ·   ·
  2   3   3   1                   0       3
·   ·   ·   ·   ·   ·   ·   ·   ·   ·   ·
          1       1       0
·   ·   ·   ·   ·   ·   ·   ·   ·   ·   ·
      1           1   3       1       1
·   ·   ·   ·   ·   ·   ·   ·   ·   ·   ·
  2   2       0               3
·   ·   ·   ·   ·   ·   ·   ·   ·   ·   ·
  3   2   1   1               3   0
·   ·   ·   ·   ·   ·   ·   ·   ·   ·   ·
          0           0       3   1
·   ·   ·   ·   ·   ·   ·   ·   ·   ·   ·
              0       2   2   1   0
·   ·   ·   ·   ·   ·   ·   ·   ·   ·   ·
  2               3   1               3
·   ·   ·   ·   ·   ·   ·   ·   ·   ·   ·
      2       3           1       0
·   ·   ·   ·   ·   ·   ·   ·   ·   ·   ·
      1           1       2
·   ·   ·   ·   ·   ·   ·   ·   ·   ·   ·
  1   1   3   1   0               2   1
·   ·   ·   ·   ·   ·   ·   ·   ·   ·   ·
      0   2   2   2   2       2       3   1
·   ·   ·   ·   ·   ·   ·   ·   ·   ·   ·
```

No 305

No 306

```
·   ·   3   ·   ·   ·   ·   ·   2   1   ·   ·   ·
·   0       2   1   2   ·   ·   ·           2
·   1   3           3   ·   ·       1   1   2
·   ·   1   1   1           3   2   3       ·
1           1   0   1   1                   2
·   2   2   2                       0   2   ·
·       1       1                   1   2   ·
1   1       3   2       0   1   1   3
·               0   3                   1   3
·       0   1       3   1       3       3
3           2       2   2           2   2
·   1   1   3   2   2   1   3       3
·   3                   1
·   ·   ·   ·   ·   ·   ·   ·   ·   ·   ·   ·   ·
```

No 307

```
 3     2         3     2  0
         3  1      1  1  3
    2  1     0     1        1
 2  0     0  2  3  1  1     1
       1        2        1  1
 1  1  3  1        2
 1           0        1  3  1
          3  2  2        2
 3  2        2  1  2  0  3  2
    0        2  2  2
 1        1  2  2  2  1  1     1
       3  2        3     0     2
 2  1        1        2     1
```

No 309

```
3           0               2

      1  2        0          2  1  1

1        2           0  3  2  2  1

      2  1  1              0  2

2  1           1           2  1

2  2  1                 2

   3           2  1  1  2  0  1  2

3     0  0        1  1  2  1

   2  0  0  2        3  2  1

                     2              1  3

      1     1              2

1     3           0     3           1

2        3  3  2        2  2  2
```

No 310

```
 2  1     1        2  2        3
           3           1
    1     1              0  1  1
 3  3              1        0  0  2
    2  2  3              2
 3           1     3
 2  3  3           3        3  1
    2  2           3     3  1
 1              0     1     1
 0  2     1        3  0  1  2  1
 2     1           2  1     3
 3     1  1  0     1
 1           2     1     2  1
```

No 311

```
·   ·   ·   ·   1   ·   ·   2   ·   2   ·   3   1   ·   ·
·   ·   ·   ·   ·   ·   ·   ·   ·   ·   ·   ·   ·   ·   ·
  1   2   ·   ·   0   ·   ·   ·   ·   1   0   ·
·   ·   ·   ·   ·   ·   ·   ·   ·   ·   ·   ·   ·   ·
  2   1   2   ·   ·   1   2   2   ·   ·   ·
·   ·   ·   ·   ·   ·   ·   ·   ·   ·   ·   ·
  1   ·   ·   2   ·   ·   ·   1   1   2   1
·   ·   ·   ·   ·   ·   ·   ·   ·   ·   ·   ·
  1   2   1   2   2   2   1   1   ·   ·   ·
·   ·   ·   ·   ·   ·   ·   ·   ·   ·   ·   ·
  ·   0   ·   ·   1   ·   3   ·   ·   1   1
·   ·   ·   ·   ·   ·   ·   ·   ·   ·   ·
  1   ·   ·   1   ·   0   1   2   ·   3
·   ·   ·   ·   ·   ·   ·   ·   ·   ·   ·
  1   ·   ·   ·   0   1   ·   1   ·   2
·   ·   ·   ·   ·   ·   ·   ·   ·   ·   ·
  2   3   1   ·   ·   3   ·   0   ·   ·
·   ·   ·   ·   ·   ·   ·   ·   ·   ·   ·
  3   ·   2   0   1   1   ·   3   ·   3   ·
·   ·   ·   ·   ·   ·   ·   ·   ·   ·   ·
  1   1   3   2   ·   ·   2   ·   ·   ·   2
·   ·   ·   ·   ·   ·   ·   ·   ·   ·   ·
  ·   ·   1   ·   3   ·   1   ·   ·   1
·   ·   ·   ·   ·   ·   ·   ·   ·   ·   ·
  3   2   ·   ·   ·   1   1   2   ·   1   2
·   ·   ·   ·   ·   ·   ·   ·   ·   ·   ·
```

No 312

```
·   ·   ·   ·   ·   ·   ·   ·   ·   ·
  2   1   ·   ·   1   ·   3   ·   2   ·   ·
·   ·   ·   ·   ·   ·   ·   ·   ·   ·
      ·   ·   1   1   0   2   1   1   3
·   ·   ·   ·   ·   ·   ·   ·   ·   ·
  2   ·   ·   0   ·   ·   ·   2   2   ·   2
·   ·   ·   ·   ·   ·   ·   ·   ·   ·
  3   2   3   ·   ·   ·   3   ·   ·   3   ·
·   ·   ·   ·   ·   ·   ·   ·   ·   ·
      2   ·   ·   1   0   2   ·   ·   2   2
·   ·   ·   ·   ·   ·   ·   ·   ·   ·
  3   ·   ·   2   1   ·   3   ·   ·   1
·   ·   ·   ·   ·   ·   ·   ·   ·   ·
      0   ·   2   ·   3   ·   ·   ·   0   ·
·   ·   ·   ·   ·   ·   ·   ·   ·   ·
  0   ·   ·   ·   ·   ·   2   0   ·   ·   ·
·   ·   ·   ·   ·   ·   ·   ·   ·   ·
  1   ·   1   ·   ·   2   ·   ·   ·   ·   3
·   ·   ·   ·   ·   ·   ·   ·   ·   ·
      1   0   0   3   2   ·   ·   1   1
·   ·   ·   ·   ·   ·   ·   ·   ·   ·
  1   ·   3   1   ·   3   ·   ·   ·   3   ·
·   ·   ·   ·   ·   ·   ·   ·   ·   ·
  3   ·   1   ·   0   ·   ·   1   1   1   1
·   ·   ·   ·   ·   ·   ·   ·   ·   ·
      1   1   1   1   ·   ·   1   ·   2
·   ·   ·   ·   ·   ·   ·   ·   ·   ·
```

No 313

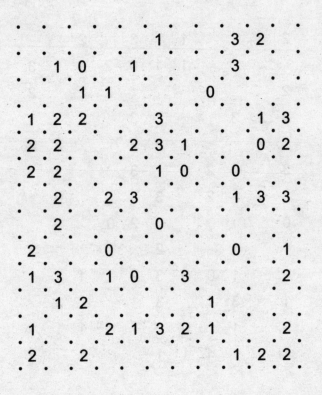

No 314

No 315

```
·  0  2  2  1  2  3  ·     1  ·     ·     ·     ·     ·
·     ·     ·     ·     0     ·     ·     ·     3     2  ·
·  2  ·     ·     ·     ·     ·     ·     ·     2     ·  ·
·  1  ·     ·     ·     ·  0  ·     ·     1  1  ·
·  1  0  ·     3  ·     ·     ·  2  3  2  ·
·  1  2  ·  1  ·     ·     ·     1  0  ·
·     2  ·  0  1  2  ·     ·  2  1  ·     ·
·  1  ·  3  2  ·  2  ·     ·     3  ·     ·
·     ·  2  ·  3  ·     ·  1  ·  1  ·
·  1  3  ·  1  ·  3  ·     0  2  ·
·     2  3  3  1  ·     ·     ·     3  ·
·     ·     ·  1  ·     0  0  ·  2  ·
·  ·  ·  ·  3  ·     2  2  ·  3  ·  ·
```

320

Kedoku

Place all twelve pieces into the grid. Any piece may be rotated or flipped over, but none may touch another, not even diagonally. The numbers outside the grid refer to the number of consecutive black squares; and each block is separated from the others by at least one white square.

For instance, 3, 2 could refer to a column with none, one or more white squares, then three black squares, at least one white square, two more black squares, followed by any number of white squares, as in the example below that shows the top left part of a grid which has been filled:

No 316

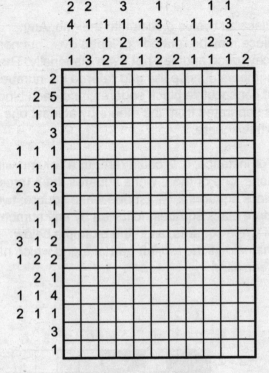

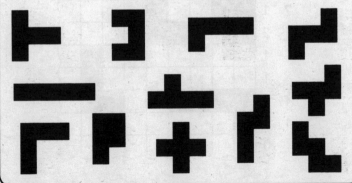

No 317

No 318

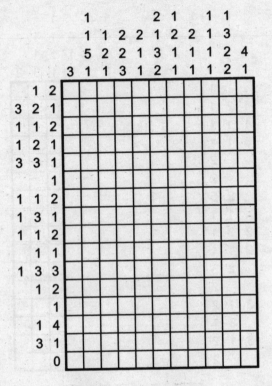

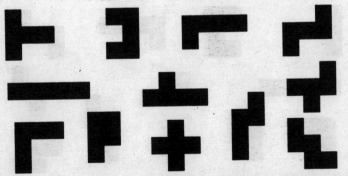

No 319

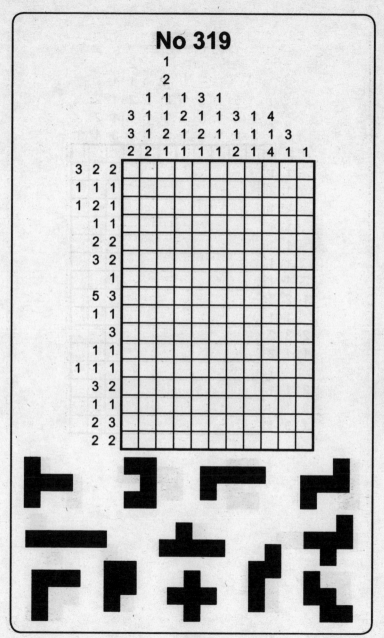

No 320

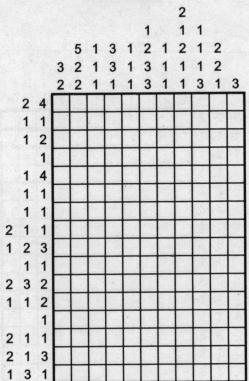

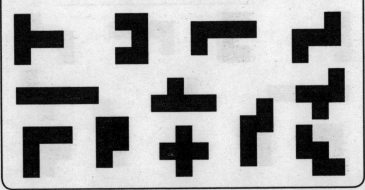

No 321

	2 2 1 1 1	2 1 1 3	1 2 3	0	1 4 3	3 1 1	1 1 1 1	3 2 1	1 1 1 1	3 2 1 1	2 2 1 1
1 1											
3 3 1											
2 1 2											
1 1											
1 2											
3 1 2 1											
1 1 2											
1 2 2											
3 1											
1 4											
1											
2											
1											
2 1 5											
1											
3											

No 322

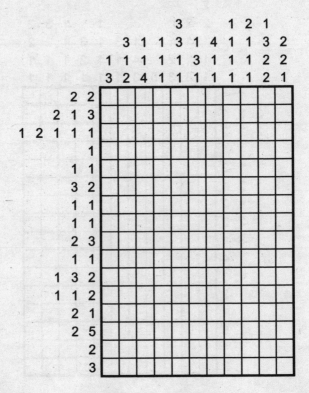

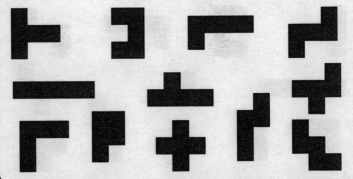

328

No 323

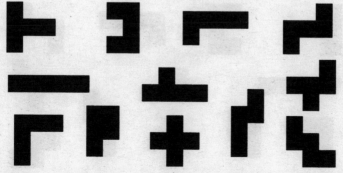

No 324

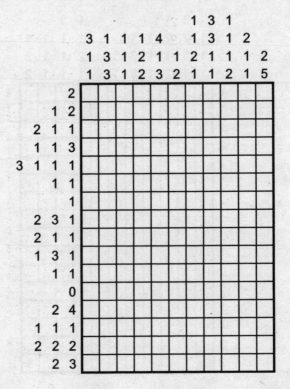

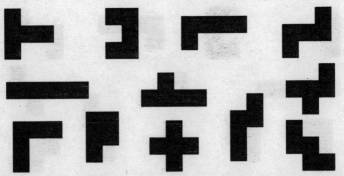

330

No 325

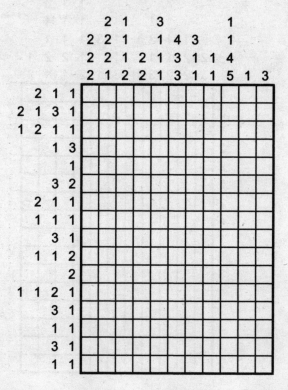

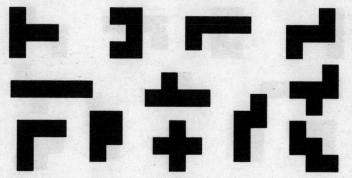

No 326

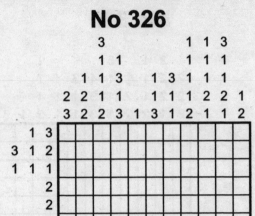

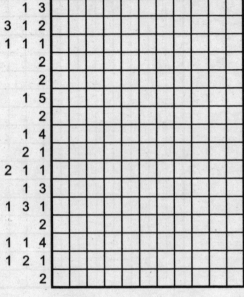

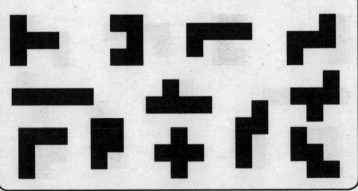

No 327

No 328

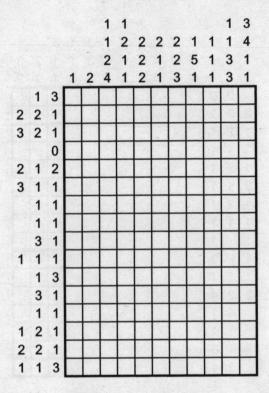

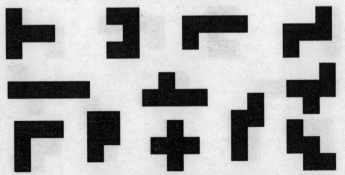

No 329

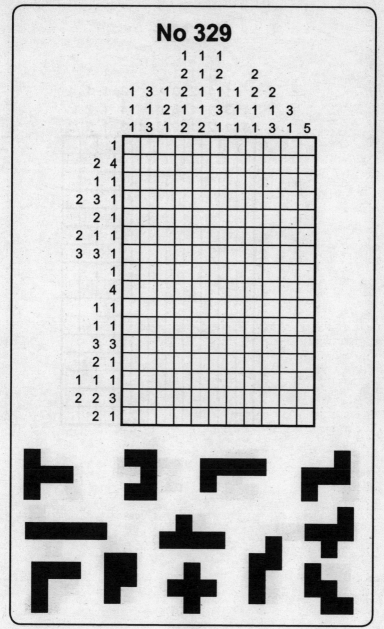

No 330

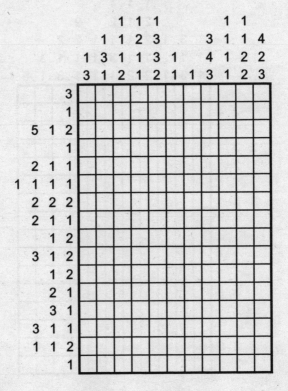

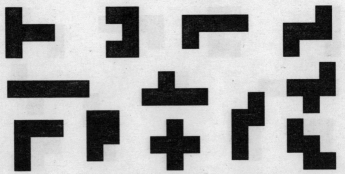

336

No 331

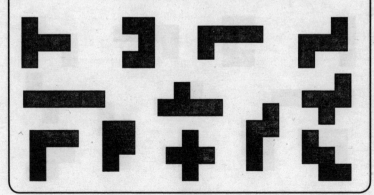

No 332

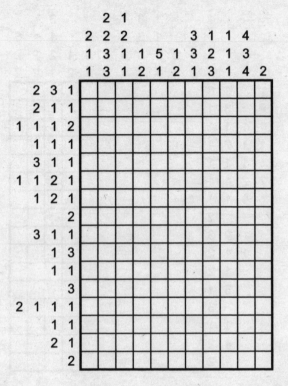

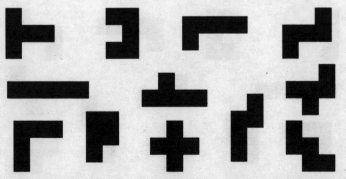

No 333

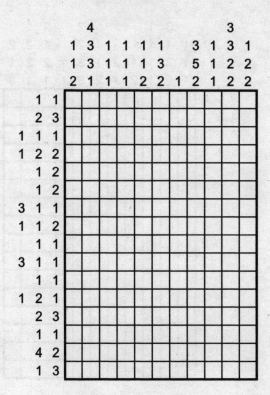

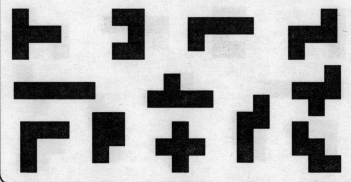

No 334

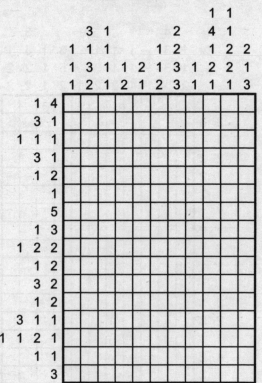

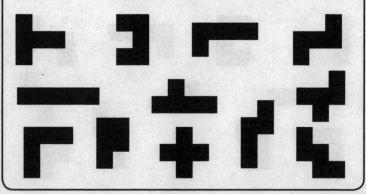

No 335

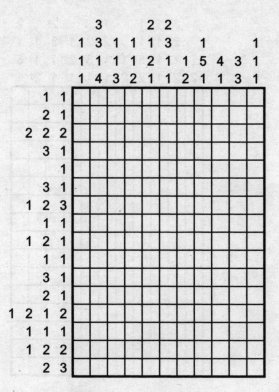

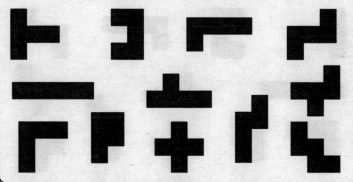

No 336

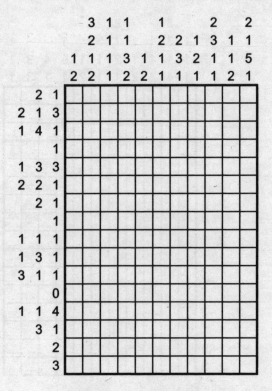

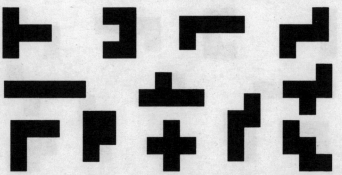

342

No 337

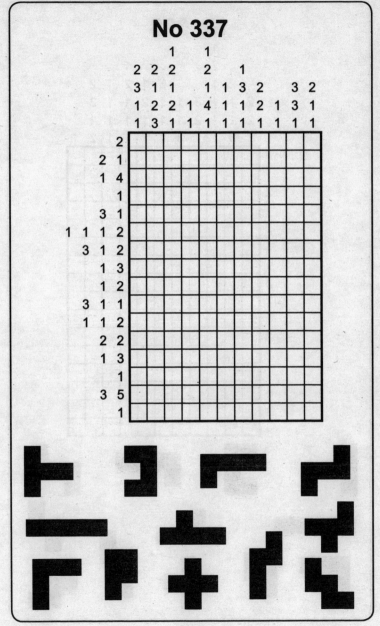

343

No 338

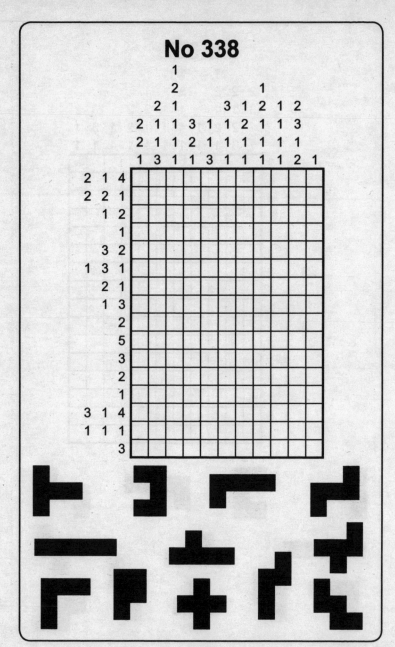

344

No 339

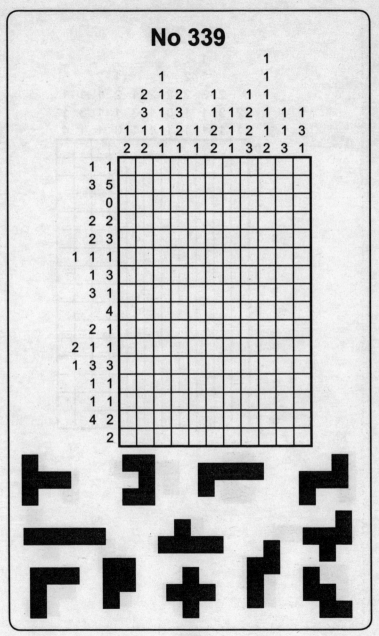

No 340

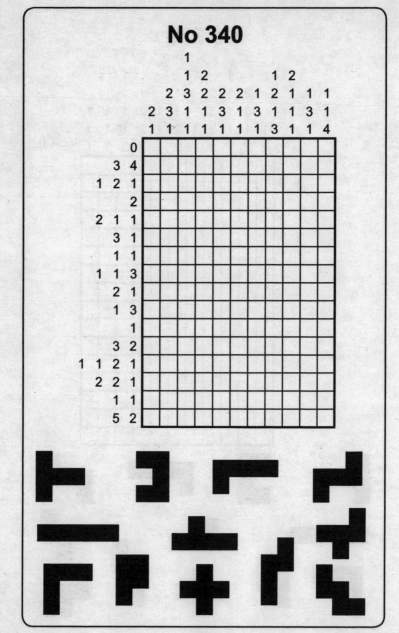

No 341

```
                              2
              4     1     1     1     1
              1  1  1  3  1  3  1  2  2
           1  2  1  2  1  2  2  1  1  3
           1  1  1  2  1  1  3  1  1  4  3
```

Row clues (left side):

```
        1 2
      1 3 2
   2  1 1 1
        1 2
      1 2 2
          1
      5 2 1
          1
          3
        3 1
  1 1 3 1
        1 1
        3 1
      2 1 2
          1
          3
```

347

No 342

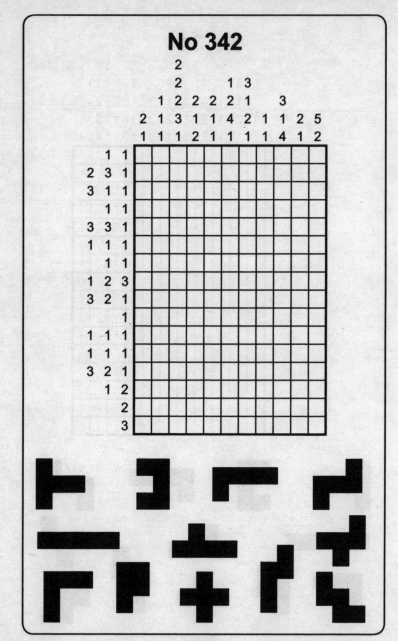

No 343

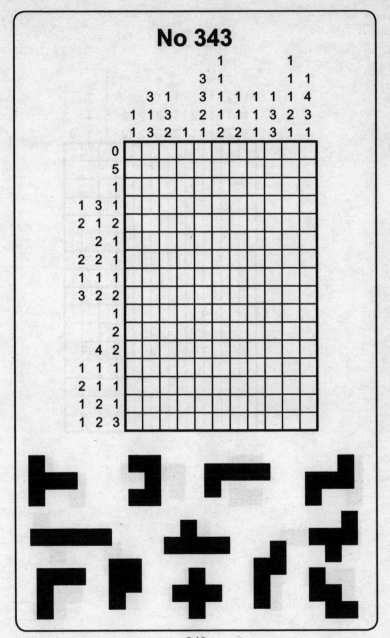

No 344

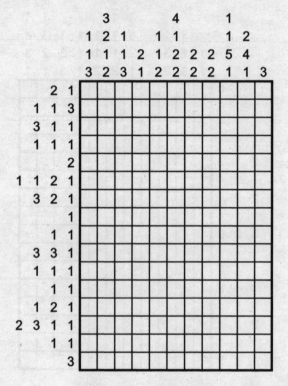

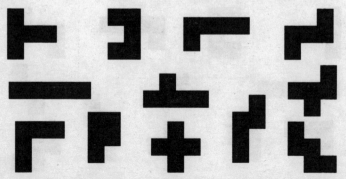

Masugo

In this puzzle, each row and each column is identified by a reference digit or letter.

Fill in the grid with numbers from 1 to 6, so that each number appears just once in every row and column. The clues above the grid refer to the number totals in the identified squares – for example A B C 4 = 7 means that the numbers in squares A4, B4 and C4 add up to 7, as in the completed puzzle below:

1	A B C 4 = 7		**6**	D 1 2 3 = 10	
2	B C D 6 = 6		**7**	D E F 1 = 8	
3	B 2 3 = 8		**8**	D E 2 = 5	
4	B 4 5 6 = 10		**9**	D E 3 = 8	
5	C 3 4 = 8		**10**	F 4 5 = 8	

	A	B	C	D	E	F
1	6	3	4	1	2	5
2	2	6	5	4	1	3
3	4	2	6	5	3	1
4	1	4	2	3	6	5
5	3	5	1	6	4	2
6	5	1	3	2	6	4

No 345

1	A 4 5 = 10	**8**	C D E 5 = 9
2	A B 1 = 3	**9**	D 1 2 3 = 13
3	A B 3 = 5	**10**	D E 4 = 7
4	B 5 6 = 7	**11**	D E F 2 = 9
5	B C 2 = 9	**12**	E 1 2 = 4
6	C 1 2 3 = 15	**13**	E F 5 = 9
7	C D 6 = 5	**14**	F 1 2 = 10

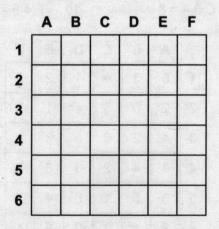

No 346

1   A 1 2 = 4

2   A B 4 = 9

3   A B 5 = 10

4   B 1 2 3 = 10

5   B C 6 = 7

6   B C D 4 = 8

7   C 4 5 = 8

8   C 5 6 = 11

9   C D 2 = 8

10   C D E 1 = 11

11   D 5 6 = 6

12   E 4 5 = 7

13   E F 3 = 9

14   F 1 2 = 7

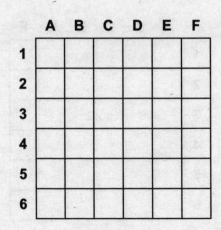

No 347

1   A 5 6 = 8

2   A B C 3 = 12

3   B 4 5 = 6

4   B C 6 = 3

5   C 1 2 = 8

6   C D 4 = 10

7   C D 5 = 6

8   C D E 3 = 6

9   D 2 3 = 4

10   D E F 1 = 10

11   E 4 5 6 = 14

12   E F 2 = 8

13   F 3 4 = 7

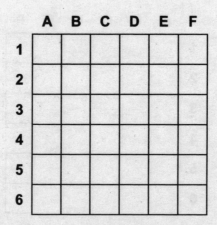

	A	B	C	D	E	F
1						
2						
3						
4						
5						
6						

No 348

1	A 4 5 = 3	**8**	C D 6 = 3
2	A B 1 = 9	**9**	D 1 2 3 = 12
3	A B 2 = 5	**10**	D 4 5 = 8
4	A B 3 = 8	**11**	E 1 2 = 6
5	C 1 2 = 6	**12**	E F 5 = 5
6	C D 4 = 7	**13**	F 3 4 = 3
7	C D 5 = 11	**14**	F 5 6 = 10

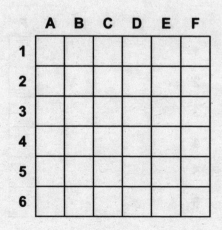

No 349

1   A 3 4 = 8

2   A B 2 = 9

3   B 3 4 = 5

4   B 5 6 = 7

5   B C 1 = 11

6   C 5 6 = 7

7   C D E 2 = 9

8   C D E 3 = 15

9   D 1 2 = 6

10   D E 5 = 5

11   E 1 2 = 9

12   E F 5 = 9

13   F 1 2 = 5

14   F 4 5 = 9

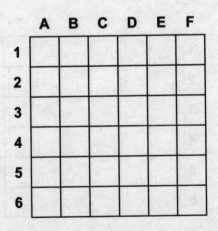

No 350

1 A 2 3 = 7	**7** C 3 4 = 7
2 A 4 5 = 10	**8** C 5 6 = 4
3 A B 5 = 8	**9** C D 1 = 9
4 A B 6 = 5	**10** C D 2 = 10
5 A B C 4 = 12	**11** D 3 4 = 3
6 B 1 2 = 6	**12** E 5 6 = 7

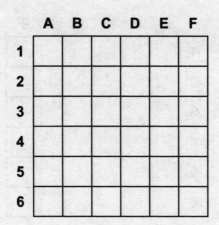

No 351

1	A 3 4 = 6	**8**	C 4 5 = 6
2	A B 2 = 3	**9**	D 4 5 = 3
3	A B 6 = 6	**10**	D E 4 = 6
4	A B C 1 = 15	**11**	E 1 2 3 = 10
5	B 4 5 = 10	**12**	E F 5 = 8
6	B C 3 = 5	**13**	F 1 2 = 6
7	C 1 2 = 10	**14**	F 4 5 = 5

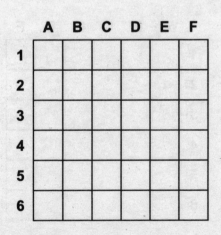

No 352

1	A 1 2 = 9	**8**	C D 5 = 4
2	A B 3 = 9	**9**	C D 6 = 10
3	A B 4 = 6	**10**	D 3 4 = 8
4	B 5 6 = 5	**11**	D E F 2 = 11
5	C 2 3 4 = 10	**12**	E 1 2 = 8
6	C D 1 = 7	**13**	E 3 4 = 7
7	C D 4 = 10	**14**	F 5 6 = 9

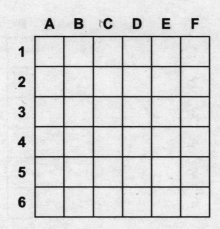

No 353

1. A 5 6 = 3
2. A B 1 = 5
3. A B 2 = 10
4. B 4 5 = 4
5. B C 3 = 8
6. C 1 2 = 9
7. C D 4 = 6
8. C D E 5 = 12

9. D 3 4 5 = 7
10. E 3 4 = 8
11. E F 1 = 6
12. E F 2 = 3
13. E F 3 = 8
14. F 3 4 = 9
15. F 5 6 = 9

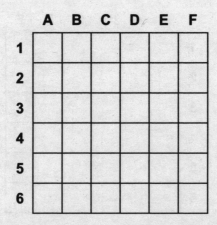

No 354

1. A 4 5 6 = 10
2. A B C 3 = 12
3. B 1 2 = 7
4. B C 2 = 3
5. B C 4 = 8
6. C 5 6 = 5
7. D 1 2 = 9

8. D 3 4 = 6
9. D E 5 = 3
10. E 3 4 = 11
11. E F 1 = 5
12. E F 2 = 8
13. F 3 4 = 4

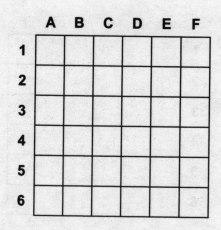

No 355

1	A 1 2 = 6	**8**	D 1 2 = 7
2	A B 5 = 7	**9**	D 4 5 = 9
3	A B 6 = 11	**10**	D E 3 = 7
4	B 3 4 = 3	**11**	E 5 6 = 5
5	B C D 5 = 15	**12**	E F 4 = 8
6	C 3 4 = 10	**13**	F 5 6 = 7
7	C D E 1 = 10		

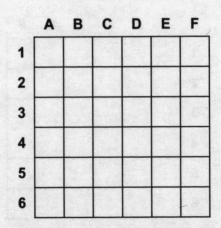

362

No 356

1   A 3 4 5 = 6   8   C D 4 = 6

2   A B 1 = 6   9   C D E 6 = 13

3   A B 2 = 8   10 D 1 2 = 8

4   A B 5 = 7   11 D E 3 = 3

5   B 3 4 = 9   12 E 1 2 = 10

6   B C 2 = 3   13 F 1 2 = 5

7   C 1 2 3 = 11   14 F 3 4 5 = 15

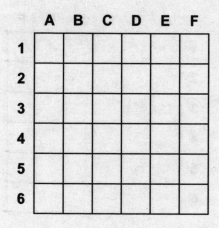

No 357

1 A 1 2 = 7

2 A B 2 = 10

3 A B 4 = 7

4 A B 6 = 11

5 B 2 3 = 9

6 B C 5 = 10

7 C 2 3 4 = 9

8 C 5 6 = 10

9 D 5 6 = 7

10 D E 1 = 9

11 D E F 2 = 8

12 E F 3 = 5

13 E F 6 = 4

14 F 3 4 5 = 7

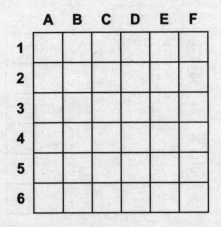

No 358

1	A 1 2 = 6	**8**	C D 6 = 7
2	A B 3 = 5	**9**	D E 4 = 6
3	A B 4 = 10	**10**	D E 5 = 5
4	B 5 6 = 4	**11**	E 1 2 = 6
5	C 3 4 5 = 10	**12**	E F 5 = 6
6	C D 2 = 7	**13**	F 2 3 4 = 7
7	C D 3 = 6		

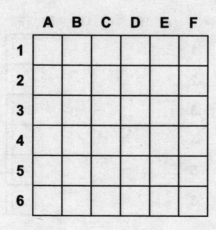

No 359

1	A 3 4 5 = 10	**8**	D 5 6 = 3
2	A B 2 = 7	**9**	D E 4 = 6
3	A B C 1 = 9	**10**	E 1 2 = 4
4	B 1 2 = 5	**11**	E 3 4 = 7
5	B 3 4 = 6	**12**	E F 5 = 6
6	C 1 2 3 = 7	**13**	E F 6 = 9
7	C D 3 = 7	**14**	F 1 2 = 9

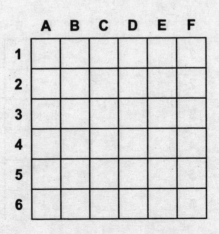

No 360

1   A 1 2 = 9

2   A B 3 = 5

3   A B C 4 = 8

4   B 5 6 = 10

5   C 1 2 3 = 10

6   C D 5 = 9

7   D 3 4 = 10

8   D E F 6 = 7

9   E 4 5 = 7

10 E F 1 = 11

11 E F 3 = 5

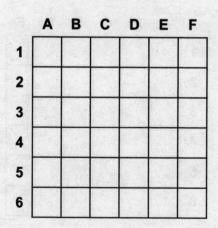

No 361

1	A 3 4 = 10		**8**	D E 3 = 7
2	A B 3 = 9		**9**	D E 4 = 4
3	B 4 5 = 6		**10**	D E 5 = 11
4	B C 2 = 9		**11**	E 1 2 3 = 12
5	B C D 4 = 14		**12**	F 2 3 = 5
6	C 4 5 6 = 12		**13**	F 4 5 = 5
7	D 1 2 = 3			

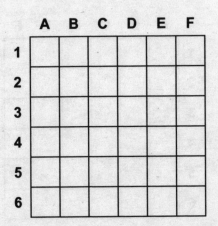

No 362

1 A 4 5 = 7	**7** C D 2 = 5
2 A B 3 = 10	**8** D 5 6 = 8
3 B 1 2 = 8	**9** E 1 2 = 11
4 B C 6 = 10	**10** E F 1 = 9
5 C 3 4 = 5	**11** F 3 4 5 = 15
6 C D 1 = 6	

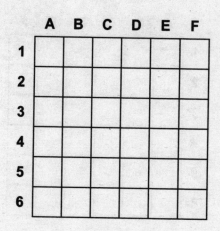

No 363

1 A B 6 = 3

2 A B C 1 = 14

3 B 2 3 4 = 12

4 B C 3 = 10

5 C 5 6 = 4

6 C D 3 = 7

7 C D E 2 = 9

8 D 4 5 = 6

9 D E 4 = 4

10 E 5 6 = 11

11 E F 2 = 4

12 F 5 6 = 8

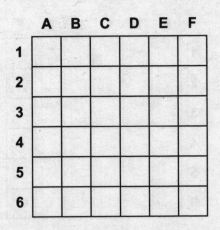

No 364

1   A 2 3 = 6

2   A B 1 = 7

3   A B 3 = 8

4   B C 2 = 11

5   B C 5 = 9

6   C 3 4 = 8

7   D 1 2 3 = 15

8   E 1 2 = 8

9   F 2 3 = 7

10   F 5 6 = 11

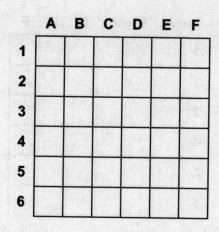

No 365

1	A 3 4 = 8	**8**	C D 1 = 5
2	A B 5 = 6	**9**	C D E 2 = 14
3	A B 6 = 5	**10**	D 3 4 = 9
4	B 1 2 = 6	**11**	D E F 1 = 6
5	B C 3 = 5	**12**	E 4 5 6 = 12
6	B C 4 = 7	**13**	E F 2 = 10
7	C 5 6 = 9		

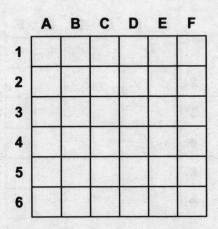

No 366

1   A 3 4 = 9

2   A B 2 = 6

3   A B 6 = 7

4   B 3 4 = 8

5   C 2 3 4 = 10

6   C D 5 = 7

7   D 3 4 = 10

8   D E 2 = 6

9   E 5 6 = 6

10   E F 3 = 6

11   E F 4 = 5

12   F 1 2 = 7

13   F 3 4 = 3

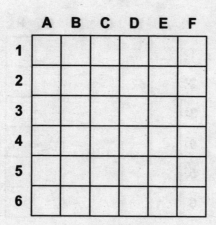

No 367

1 A 5 6 = 7			**7** C D 6 = 3	
2 A B 1 = 10			**8** D 1 2 3 = 12	
3 A B 3 = 6			**9** D E 4 = 4	
4 B 5 6 = 5			**10** E 5 6 = 11	
5 B C 2 = 10			**11** E F 1 = 8	
6 C 3 4 = 7				

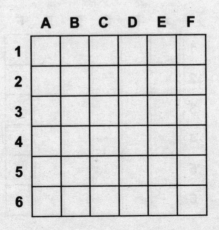

No 368

1 A 2 3 4 = 6

2 A B 1 = 5

3 B 2 3 = 11

4 C 3 4 5 = 8

5 C D 2 = 7

6 D 4 5 = 11

7 D E F 3 = 7

8 E 1 2 = 8

9 E F 5 = 5

10 E F 6 = 4

11 F 1 2 = 11

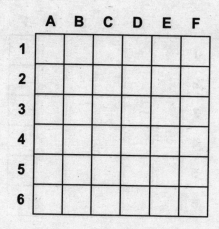

	A	B	C	D	E	F
1						
2						
3						
4						
5						
6						

No 369

1. A 5 6 = 8
2. A B 2 = 6
3. A B 3 = 4
4. B 2 3 = 7
5. B 4 5 6 = 9
6. C 1 2 = 4
7. C 4 5 = 9

8. C D 4 = 6
9. D 2 3 = 9
10. D E F 5 = 7
11. E 2 3 = 7
12. E F 3 = 11
13. F 2 3 4 = 14

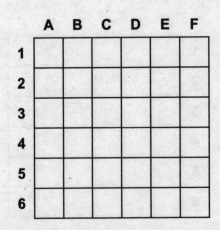

No 370

1 A 4 5 = 5	**7** D 2 3 = 9
2 B 4 5 = 7	**8** D E F 5 = 13
3 B C 5 = 4	**9** E 3 4 = 4
4 C 5 6 = 7	**10** E F 2 = 6
5 C D 4 = 7	**11** E F 6 = 6
6 C D 6 = 10	**12** F 3 4 = 11

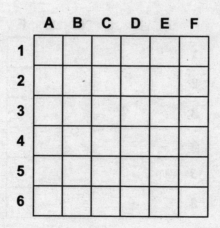

No 371

1	A 3 4 = 4	
2	A B 5 = 10	
3	A B C 1 = 13	
4	B 3 4 = 11	
5	B C 6 = 4	
6	C 3 4 = 6	
7	D E 3 = 5	
8	D E 4 = 7	
9	E 1 2 = 5	
10	E F 5 = 5	
11	E F 6 = 7	
12	F 2 3 = 11	

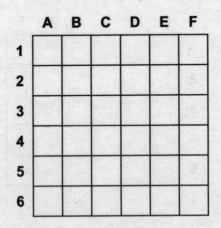

No 372

1 A 5 6 = 5

2 A B 1 = 8

3 A B 3 = 9

4 B 4 5 = 5

5 B C 2 = 6

6 B C 6 = 9

7 C D 3 = 7

8 C D E 2 = 14

9 D E 4 = 7

10 D E 5 = 9

11 E 1 2 = 9

12 E F 6 = 3

13 F 1 2 = 5

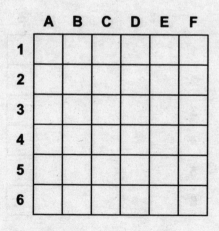

No 373

1 A 1 2 = 9		**7** B C D 3 = 12
2 A B 1 = 9		**8** C 2 3 4 = 15
3 A B 4 = 3		**9** D 4 5 = 9
4 A B 5 = 7		**10** E 3 4 5 = 14
5 A B 6 = 9		**11** E F 1 = 3
6 B 1 2 = 8		**12** F 2 3 = 5

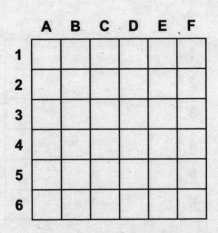

	A	B	C	D	E	F
1						
2						
3						
4						
5						
6						

Suhai

Enter a circle in selected squares of the grid, using the numbers given as clues. Each number indicates how many circles are to be found in the adjacent or touching squares. Circles may touch diagonally as well as horizontally and vertically.

	A	B	C	D	E
1	2		4		2
2					2
3	1		2		1
4		2			2
5	1		2		

In this example, there is a '2' in square E1, and two blank spaces touching E1, so there must be circles in D1 and D2. There is a '1' in E3, so (since D2 contains a circle) D3 and D4 have no circles. There is a '2' in E4, so D5 and E5 both contain circles.

There is a '1' in A3, so at most only one circle can be in either A2 or B2, thus B1 contains a circle, and since A1 contains a '2', either A2 or B2 contains a circle; thus B3 and A4 have no circles. And so on.

The completed puzzle looks like this:

	A	B	C	D	E
1	2	●	4	●	2
2		●		●	2
3	1		2		1
4		2	●		2
5	1	●	2	●	●

No 374

1		0			1			2	
			2			1			
				1	1		1	2	
2		3		1		1		2	
2		2				3	3		
				2					2
3					3			3	
3	4		3			2		3	
			3					3	
3			1		1			1	

No 375

0	1			2			1	1	
2						2		1	
			0		1		2	2	1
					1	1			
0									
			5			1		2	
0	2				4				3
	1				2	0		3	
	1		4					2	
		2				1			

No 376

		1		2		0			
	1						2		3
	2			3		0	3		
	3	3							2
				1	1			3	
1		2		2		2		2	
							2		
	3		2		5		4		
	2		1						1
2					2		2		

No 377

1		1		1	1	3		3	
					1				
2		2		0					0
			1		1			1	
	3				1		1		0
0						3			
	3	3			3				2
		3					5		
	3	4		4	3	3			3
		2		2		1	2		

No 378

2					0		2		1
		3		2		2			
		1			1				0
	1		0		2			0	
1			0	2			1		
			2	4				1	
		5					2		2
2			4			2	3	3	
	4			2	1				
1								1	

No 379

		1					1		
1			0	2				1	0
2			1		1			2	1
	1			2				2	
	1					3			
			1		1				
				2					2
1		0						6	
2			2	3	3	5			2
					1				

No 380

	1					1			2
		2	1					3	
2	2						4		1
			1	1					
	3	2		0		3	3		1
4					2				
			0	1	3		3		
		4							0
1								1	
	3			3		3			

No 381

		3			1				
2				2		0	1	1	
2				1	0		1		1
	1						1		
0		0	2			0	2		
			4						3
						3		3	
0		5				3	2	4	
			5						
	1	2			2			2	

No 382

	2		1	0	2		2		
								1	
1		3							0
			3			1		0	
1			2	1				2	
0			2	0		2			
		2					2		
			3	1		2			2
1				4					
1	3							1	1

No 383

				0		1		0	
	0								
0	1			3	2			2	
	2					4		2	
		3		3	3			2	0
					3				
	3	3	4		3				
			3			2		2	
4			5		2				
							3	2	

No 384

No 385

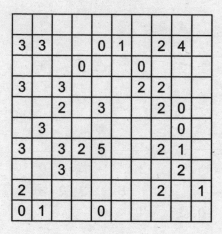

No 386

					3			0	
	3	3	2	2	4		2		
		1					4	3	
3		3							
				3					1
		2		1	2			0	
0			2				0		
			2						
1	2			1			4		2
	1					2			

No 387

	1	2		2				2	
					0				1
	2			2		2		1	
		1				1	1		
	0	2							
					2	1		2	
		5			2		1		2
2			4					2	
				3		3	2	3	
0	1		1						

No 388

	2			0			2	1	
1								2	
0	1						4	3	
1			1	0			3		
2					1			2	
		3	3				1	2	2
	2	2				3		2	
			5			4		4	
1								3	
1	2	2			2	1			

No 389

1					2				
		2				1	1		1
0				1					
	3		3					2	
		4	3	1	1		2	3	2
				1		1			
2									3
1	1			2	2		4		2
					3		3	2	1
	2	2			2				

No 390

	1			3			2		2
		3				3			
	3		2	3		2		4	3
						2	2		
3		4		2		1			1
	4			2				1	
1	3			1			3		
	3	3		1		3		2	
							3	3	
1		2		0		1			

No 391

			1		1		1	0	
1									
		2	0		2			1	
		2	1				3		
	2	3				3	2		
2				2		2			1
3					3			3	
			1			3			2
		5					3		
3				2	2		2	1	

No 392

		0				2	3		
0					4				1
					3	2			
		4					1		0
1				3		2			2
1		1		0					
		3	2					2	
1					3				
	4			7				0	
0							0		

No 393

	2	1					2		
1			2	2	2				2
							3		4
0			2	3					
1		1					3		3
	2		1			1	2		
2								3	
			4		2		0		
	4	4			2	1			
1	2							1	

391

No 394

			1		3			1	0
2	3						2		
	1			7			2		1
	4							1	
						3			
		3			2	3		1	
0			2				2		1
			2			3	2		
	1							1	
		1	1	0			1		

No 395

0	1		1						
			2		1		0		0
0			1		1				
1						5			0
		1	2	3				3	
	2							2	
			4	4		2			
									2
1	3				4	2	3		
1				3	2		1	1	

No 396

		0							0
	1			2	2	3			
1		0				2			
			1		1			1	
	1		2					1	
2		4				2	3		
						1			
	3	3		6				4	3
			3						
0		0				3	3		3

No 397

1					1	1		1	
		3	3	2					
	3	3					3		0
3					2			1	
		2	0				1		0
3	3			0		1			
			1				2		
2				1					2
1				2			4	2	
		3		2	3			2	

No 398

					2		2		
	4	4		2					1
2		2			2		0		
			3			0			
1	3					1			0
	4			1			2		
					2				
2		4					4		0
3		5	3	2	2			2	
2					1		2		

No 399

0			1				2		
			3	3	1				
1	1						3		
	2	1	1		3			0	
		2		1	2				
				4			1		
1						2		2	
	1						1	2	1
			4	4					
	1	1		1	1			1	

394

No 400

1					0	0			
1	3			2			1	1	
		3	2	1			1		
3		3						1	
				0			5		
			1		3				
	2	2				2		3	
		2	1			2	0		
	2		3						1
					2		1		

No 401

0						1	2		1
			1					3	
0	1				2			2	
1			3		1				1
	1			5					
	1						0	1	
				5				1	
			4						1
4		4	5		3		3		2
		3							

395

Katagaku

Complete the grid so that every row and column contains a circle, a triangle, a square, a diamond and two blank squares, although not necessarily in that order.

Every 'clue' shape with a black arrow refers to the first of the four shapes encountered when travelling in the direction of the arrow. Every shape with a white arrow refers to the second of the four shapes encountered in the direction of the arrow.

Here the grid is numbered, for ease of explanation:

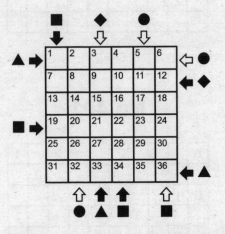

Looking at the top left hand corner of the puzzle, there is a square first in the first column and a triangle first in the first row, so square 1 can contain neither a square nor a triangle, thus it is blank. It is sometimes helpful to put a dot into the centre of any square you know to be blank.

In the first column, the square cannot be in square 19 (or there would be no room for the other three shapes

396

to follow it in a downwards direction in the first column); and, seeing as the first shape in the fourth row must be a square, square 19 must be blank. There are now two blank squares in the first column, so reading down that column, the square is first, thus it must be in square 7.

In the bottom row, reading from right to left (ie. in reverse) there is a triangle first, so it cannot be in square 33 (or there would be no room for the other shapes to follow it); and, seeing as there is a triangle first in the column reading upwards from square 33, square 33 must be blank. In the third column there is a diamond second, and in the second row the diamond (reading in reverse) is first, so it cannot be in square 9. Thus either square 3 or square 9 is blank, which means that squares 15, 21 and 27 all contain shapes, and (reading upwards) the triangle must be in square 27. The diamond in the third column is the second shape encountered reading downwards, so it is in square 15. The grid now looks like this, and so you continue:

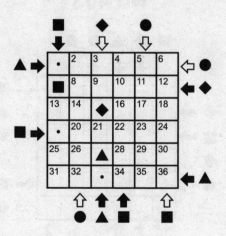

No 402

No 403

No 404

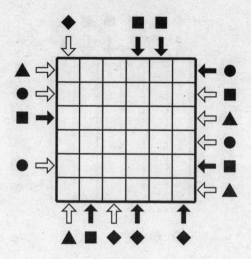

No 405

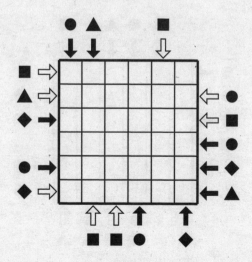

No 406

No 407

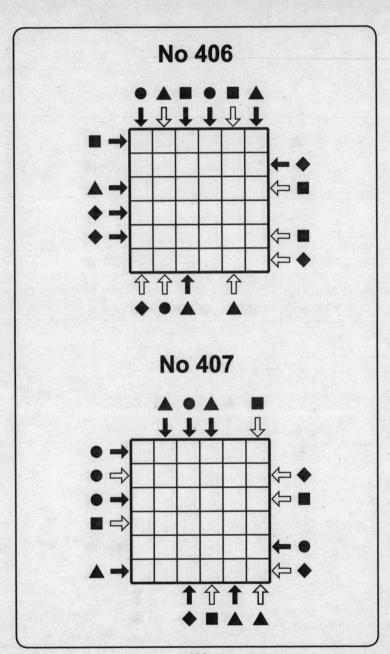

No 408

No 409

No 410

No 411

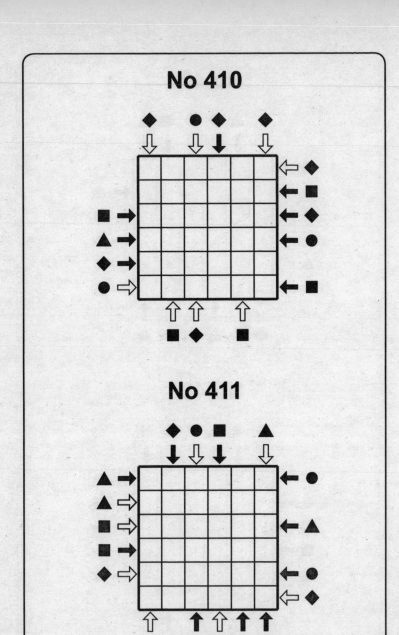

No 412

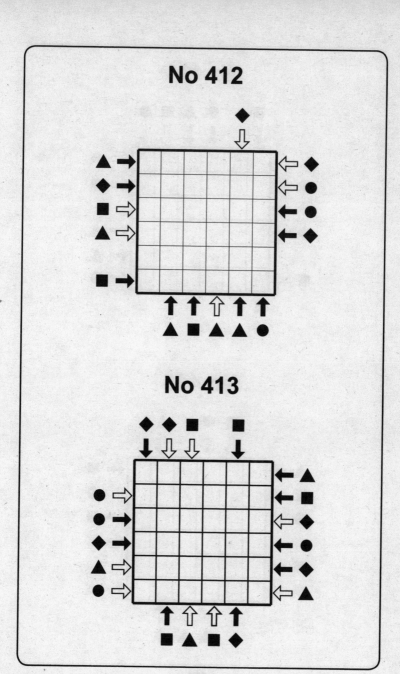

No 413

No 414

No 415

404

Solutions

No 1

2	7			1	4			1	7
1	5		8	6	9	4		3	9
5	8	9	7			1	7	2	3
		8	9			2	9		
	4	5		2	6		6	4	
5	7		6	5	9	3		8	9
1	3	5	2			4	3	1	2
	9	7				9	7		
3	8	9	6			5	2	6	1
1	2		8	1	5	4		9	4
	6	7		2	3		4	5	
	1	9				8	2		
7	9	6	8			4	3	1	2
1	7		6	2	1	3		3	1
3	8			9	5			9	7

No 2

9	7			3	1	5		9	1
7	3			1	4	7	2	5	3
3	1	7	5			7	9	5	
		1	2	5			8	1	
1	8	6			9	7		4	1	6
4	9			4	7	2	1		7	9
		5	2				6	7	9	8
		8	3				2	3		
8	3	9	7				4	9		
4	2			1	2	5	3		3	1
6	1	2			1	9		5	9	2
		8	1			4	1	8		
		7	2	1			8	9	3	1
8	5	9	3	7	6			8	4
7	1			7	9	8			9	2

No 3

2	8		8	9	5	7		4	9
1	4		3	4	2	1		1	5
3	9	1		8	1		2	5	
		7	4	5		1	8		
3	2			2	3		3	9	8
9	4	7	5			2	7	1	3
6	1	2			2	5		7	9
		5	7	9	8	4	2		
7	9		8	5			9	7	8
8	7	6	9			3	1	2	5
	2	1	4		2	9		8	9
		2	6		6	8	5		
	3	5		2	1		7	6	2
6	4		9	8	4	7		9	7
3	1		6	1	3	2		8	1

No 4

9	7		2	5		9	2	1	
8	6	9	3	7		8	6	4	9
		5	1		2	7		2	3
2	8		5	3	1	4			
1	3	5		9	6		9	5	7
		9	1		5	6	3	2	1
4	2	8	3	1		7	5		
9	8		4	8	7	9		1	8
		4	2		9	8	6	4	7
7	8	9	6	1		5	1		
1	2	3		8	5		4	5	1
		1	7	2	5		6	4	
7	9		2	9		8	9		
9	8	7	5		3	4	5	2	1
	3	1	4		6	9		1	3

Solutions

No 5

5	1		7	8	5	9			9	8
7	3		1	6	2	3			8	2
9	6	7		9	3			3	2	1
		2	1		1	8	4			
7	9	6	4	8		1	2	9	8	
8	5		3	2	9		1	4	2	
		5	2		8	2		8	3	
8	9	6	7			4	7	6	1	
6	8		5	7		3	9			
9	7	8		2	3	1		8	5	
1	2	7	6		6	8	2	7	9	
		6	1	5		5	1			
8	5	4		1	4		5	1	3	
3	1		8	3	6	9		4	7	
9	2		9	4	8	7		2	6	

No 6

6	8		3	5		1	4	8	
8	9	7	4	6		8	5	9	1
4	5	1	2			1	6	2	
9	7		1	8		2	3		
			5	7	9	2	6	8	
1	7		7	9	6	8		1	4
2	5	7	8			6	3		
3	9	8				5	2	1	
	9	8			5	9	7	6	
9	8		3	1	8	2		9	5
1	3	6	4	2	9				
	5	9		2	5		1	3	
1	2	7			1	4	2	6	
7	4	9	8		6	3	8	7	9
	1	8	2		4	2		5	8

No 7

9	6	8	7		8	2		3	4
2	1	6	3		7	4	8	6	9
	4	9		2	9		4	1	
8	3		7	3	5	1		8	9
4	2	1	8		4	9	7	8	
		5	9		2	7	4		
		4	3	1	2		2	1	
1	5			3	9		5	3	
8	7		5	8	9	7			
	3	1	7		8	6			
3	1	2	5		6	3	2	1	
4	6		9	7	8	2		8	7
	8	9		2	7		2	7	
3	2	4	5	1		7	3	9	8
7	9		9	3		2	1	6	3

No 8

9	8	5	6		8	5		1	6
4	7	2	1	5	9	3		3	8
	9	3		1	3		1	2	
2	6	1	5		4	9	5	7	
7	5		2	1	4	3		4	8
	7	4	5	6	9	8			
7	8	9		2	3		9	8	4
1	9						2	1	
2	6	1		6	2		8	9	2
	8	4	9	7	1	6			
2	3		5	8	9	7		8	5
8	6	9	1			5	2	4	1
	4	7		9	6		9	7	
9	2		4	5	2	3	7	6	1
8	1		3	8		7	8	9	3

Solutions

No 9

	2	1	3			9	7	8	6
7	6	8	9	5		3	1	4	2
9	4			6	1			7	1
1	3	5		1	2	5		9	3
	1	8	2		7	8	9	3	
		9	8			1	6		
8	4	7	3	9	2			1	8
9	5		1	8	3	9		6	9
5	1		2	1	6	3	4	7	
		1	4			3	1		
	2	7	9	4		8	5	7	
3	8		5	2	9		6	8	9
7	9			1	4			9	7
1	5	2	3		2	1	3	4	5
2	6	8	9			2	5	6	

No 10

8	6	9		1	2		1	2	4
7	2	6		3	4	8	6	7	9
9	3				3	5		3	8
6	1	3		8	5	9	4		
		5	2	3	1		9	1	7
7	6	9	5			5	8	2	9
9	1	8		3	2	1	7		
8	2		8	9	5	7		9	7
		7	2	4	1		4	6	2
2	3	4	1			4	2	8	5
3	8	9		5	8	2	7		
		3	1	2	9		5	8	6
9	8		8	6				7	1
8	6	9	5	3	7		1	3	2
1	2	4		1	3		8	9	3

No 11

9	1	7		9	5		5	7	8
4	3	8	5	2	1		1	2	4
		1	2			3	2		
1	2		6	9	5	2		8	9
2	9	8		5	4		9	1	2
	1	7	6		1	4	7	2	
9	6		9	8	6	7		7	6
7	5			1	2			5	1
6	4		1	2	3	4		6	2
	8	9	7	3		6	3	9	
9	7	5		6	9		1	3	2
1	3		5	7	8	6		4	3
	5	7			7	9			
8	9	4		3	5	2	7	1	4
7	1	2		5	1		8	6	9

No 12

1	8	4		1	3		7	4	1
3	6	1		7	9		9	8	6
	9	5	8		5	2	4		
		2	6		4	8	5	2	
2	6	3	5	4	1			9	8
1	8			1	2	6		8	1
3	9		1	6	9	8	5	7	3
		1	2			7	4		
5	7	4	3	8	6	9		2	4
1	9		4	9	8			6	9
3	6		4	3	7	2	1	5	
2	5	1	4			8	1		
	8	9	3		9	3	7		
9	2	3		4	1		4	1	2
5	1	2		8	2		7	8	9

407

Solutions

No 13

No 14

No 15

No 16

Solutions

No 17

	1	7		8	7	9	2			8	1
	2	9		4	2	3	1			9	7
	7	8	3	9	6		5	6	7	4	
		1	6		1	4	3	6	2		
	9	3	4		4	9	6				
	5	1		3	1		3	2	1	6	
			9	3	8		8	3	9		
	8	1		1	2	5	3		2	7	
	6	2	1		5	9	7				
	9	4	7	3		7	1		1	8	
			7	9	2		8	2	7		
	4	1	3	2	8		4	1			
	8	7	9	5		7	9	5	8	6	
	7	3		1	4	2	3		3	1	
	9	2		4	9	6	8		1	2	

No 18

	3	2		1	3		9	5	7	6
	9	7	4	6	8		3	1	4	2
		2	5		5	8	3	9	7	
	6	2	1		5	3		2	8	9
	9	6		4	9					
	8	5	1	2	4	3		6	1	3
		5	3		9	1	8	7	5	
	9	8		1	7	4	2		2	1
	6	5	9	7	8		5	9		
	2	1	3		9	8	7	5	6	2
				4	6		4	1		
	2	1	9		2	7		7	9	5
	4	3	5	2	1		9	1		
	3	2	7	1		6	8	3	9	7
	9	6	8	7		1	5		8	9

No 19

	1	5	3	2		2	5		3	9
	7	8	4	9		3	8		2	7
		7	1			9	8	5		
	1	4	2	7		4	6	3	1	2
	3	9		5	9	8	7		4	1
			7	2	3	1				
	8	3	9	6		9	5		9	6
	4	1	8	3		4	9	8	2	
	9	2		1	2		3	8	5	1
				9	3	1	6			
	5	3		5	8	1	2		8	5
	1	2	5	3	6		7	3	4	1
		4	9	7			1	9		
	6	1		9	7		8	6	7	3
	9	6		8	2		9	2	6	1

No 20

	5	4	2	1		9	8		9	2
	9	8	5	7		7	9		6	3
		9	3			4	1	5		
	2	6	1	4		4	7	2	3	1
	8	7		1	4	2		3	7	2
		9	6	7	3	8		8	5	
	8	9	5		9	1	6	8		
	3	7	1	2		1	2	9	7	
		2	4	9	7		1	8	9	
	8	6		1	5	3	2	4		
	9	7	8		8	9	6		7	5
	2	1	4	6	3		5	1	6	2
		3	9	8			4	8		
	1	2		7	5		2	3	5	1
	3	4		9	1		7	8	9	2

Solutions

No 21

4	8		5	7		1	7	3	2
1	5		3	8		7	9	8	5
	7	6	4	9	8		8	2	1
9	6	2	1		9	6	2		
8	9		2	9	3	1		6	2
5	1	8		3	1		8	9	4
	6	9	8		4	2	5	1	
9	7		7	4	5	1		7	3
5	2	1	3		7	2	9		
6	1	3		1	3		6	5	9
8	4		2	4	1	3		2	1
	2	1	9		2	1	3	5	
2	1	3		5	9	6	8	7	
8	6	9	7		1	4		4	9
3	2	8	1		3	1		1	5

No 22

7	9	8	6			4	8	7	9
2	3	5	1			2	4	1	3
		9	2			1	9		
4	2		3	9	2	6		6	9
8	6	9		6	1		2	1	7
	3	6	9	5		7	9	2	8
9	1		6	1	2	4	3		
4	5		5	2	4	8		9	4
	8	7	4	6	9		6	1	
9	4	6	8		1	5	2	7	
8	2	3		7	3		1	3	2
4	1		2	9	7	6		8	4
	1	3			5	9			
6	9	2	8			1	3	8	2
8	7	5	9			4	8	9	7

No 23

2	7	3	8		9	6		9	2
1	3	2	6		1	2	6	4	3
	8	5	9	1		3	9	8	6
2	6	1		5	6	1	7		
1	5			3	1		8	3	1
5	9		1	9	8			8	3
		9	3		9	7		7	2
1	8	4	2		5	7	9	8	
5	7		8	9		4	1		
3	5		2	4	1		5	9	
2	9	5		1	9		1	8	
	9	7	4	8		1	2	7	
1	7	6	8		1	9	7	8	
3	6	8	9	7		4	2	3	1
2	9		1	2		8	3	4	6

No 24

8	9	7		7	9	2		7	9
6	8	3	9	5	7	4		1	2
	2	5	1		5	7	9	8	
9	6	4			2	1	6		
8	3	1		7	6	9	5	8	
6	2		8	2	1	3		1	3
	4	9	1			1	2	7	
7	1	8			2	3	9		
8	2	9		3	8	5			
9	3		2	6	1	3		9	6
6	4	7	8	9			9	6	2
	1	6	8			7	3	1	
7	4	8	9		5	7	8		
4	1		7	1	3	9	6	2	4
9	2		4	2	1		3	1	2

Solutions

No 25

9	4		7	5	8		9	8	
7	2		2	1	3		6	2	7
	1	9		2	1	9		3	9
2	3	6	1		2	5	4	1	3
9	6	8	3	1		7	9	5	8
		5	9	7	8	6			
8	6	9	2		5	1		7	1
4	1	2		3	4		3	8	2
9	3		1	2		1	8	9	6
	6	7	9	8	4				
8	6	7	9		6	3	5	2	1
7	4	1	8	3		2	8	9	3
4	1		3	2	1		9	4	
9	3	8		7	8	9		5	6
	2	4		1	3	7		1	2

No 26

3	9	5		1	3		2	1	4
1	8	3		7	9	6	3	5	8
2	3	1	8		7	9	5		
		2	5	1		2	1	5	4
2	8	7	9	6	1		8	1	
1	5	4		9	4	2		9	2
6	9		3	8		8	9	7	6
	5	2			9	7			
7	8	9	4		3	1		4	3
2	1		1	9	8		4	1	8
8	2		4	1	8	5	2	9	
9	7	8	3		4	9	8		
	1	2	8		1	3	8	9	
5	4	3	1	6	2		1	3	6
9	8	7		9	8		2	4	8

No 27

7	9	8		7	4		1	2	
2	5	7		9	8		2	7	1
1	3	4	2	5		7	3	9	8
	9	7		9	6	5	8	7	
3	2	1		4	8	5			
9	1		6	2	5		1	6	2
8	4	5	9	6		5	7	9	8
	2	7	1	5	4	3			
7	9	6	8		3	2	4	6	1
9	5	1		6	8	1		7	2
	2	5	1		4	9	5		
8	4	7	6	9		5	1		
7	3	9	8		5	9	7	8	4
1	2	8		2	8		2	6	1
	1	4		1	3		3	9	7

No 28

2	8		2	1	4		4	6	9
7	9		5	6	7		1	4	8
1	2	5	3	4		1	2	3	4
	8	1		3	2		1	7	
1	7	4		9	6	8	7	5	
6	8		8	3	1		9	8	4
7	9	1	6		2	1		2	1
	3	9	8	4	6	7			
3	7		7	1		2	8	5	1
1	5	9		9	1	4		9	7
	1	4	9	3	2		3	8	9
8	9		1	2		5	1		
2	3	1	6		7	9	4	8	5
3	8	9		1	2	3		6	1
1	6	3		9	4	8		9	3

Solutions

No 29

	8	6	9			9	6		3	1
	4	3	8			2	1		7	5
2	1	3	6	4		3	4	2		
		1	9	2		6	8	2		
8	3		7	5	3	6	8	9	4	
9	4	8	3		5	9	7			
4	2	1			2	8	9			
6	1		9	4	1	3		7	1	
		3	1	2			9	8	7	
	8	6	3		4	1	5	2		
9	3	7	5	1	2	8		9	3	
7	2	6			8	9	5			
	5	9	2		4	7	1	3	2	
4	1		5	8			3	9	7	
9	4			1	9		6	8	9	

No 30

1	5	2	3		7	2		3	1
7	9	4	8		3	1	5	4	2
	7	3			4	8	6		
2	4	1	8		1	5	7	9	8
9	8		5	8	9		9	8	6
	2	1	4	6	3		7	9	
9	8	7	2		7	1	3		
2	4	1				8	9	4	
	3	9	8		8	9	6	1	
1	5		4	2	8	9	7		
6	7	8		1	2	7		3	2
2	3	6	1	7		2	8	6	9
	8	9	7			3	1		
1	6	7	2	4		5	1	2	3
6	9		3	9		9	2	5	6

No 31

2	8	1	4		3	9		9	7
5	9	7	8		1	8	3	7	2
1	6		9	8	7		2	3	1
4	7	2		5	2		5	8	4
		4	3	1					
1	7	6	8		5	1	6	2	3
4	9			9	6	8	4	7	
	8	4	1	6	7	3	9	5	
3	6	1	2	4			1	5	
7	5	8	4	9		9	4	3	1
			1	6	2				
8	5	9		9	5		9	8	3
3	1	8		8	2	1		9	1
1	2	3	8	6		6	3	1	2
9	3		1	3		9	8	7	4

No 32

1	2	6		2	7	9		9	7
8	5	9		3	5	7	1	4	2
	1	8		7	9	8	6		
1	4		9	6			4	1	8
2	3	8	4	1			2	4	9
		9	1		6	1	3	2	4
9	7	3		8	9	7	5		
5	1		1	6	8	9		4	7
	8	3	9	7		4	1	5	
1	6	3	2	5		6	1		
6	9	4			9	8	3	7	6
2	8	1		3	1		8	7	
	5	9	8	6		8	9		
5	4	2	6	3	1		1	4	2
1	3		3	1	2		2	6	9

Solutions

No 33

2	7	9	·	4	1	2	·	3	5
5	9	8	·	1	2	8	·	7	6
1	3	4	2	·	7	9	1	8	·
·	·	·	6	8	·	7	4	9	8
5	7	6	1	9	8	4	·	6	3
3	6	2	·	7	1	·	9	5	1
2	5	1	4	·	9	1	6	·	·
1	9	·	2	1	6	4	·	5	2
·	·	9	7	3	·	5	2	7	1
9	5	2	·	9	4	·	1	8	3
5	1	·	7	4	1	3	8	9	6
4	3	9	2	·	7	9	·	·	·
·	7	8	6	9	·	5	1	6	2
1	2	·	4	1	9	·	2	8	6
3	4	·	1	2	3	·	4	9	7

No 34

7	1	2	·	8	9	7	·	3	1
9	8	7	·	6	7	3	8	9	4
·	5	4	9	·	3	1	4	5	2
8	6	·	2	1	·	2	9	·	·
7	4	2	1	3	5	·	5	9	6
3	2	1	·	5	9	1	·	8	1
9	3	·	6	9	·	3	1	6	2
·	·	4	7	·	·	2	5	·	·
3	8	5	9	·	4	9	·	1	4
1	5	·	8	5	1	·	2	4	9
4	9	5	·	9	3	5	6	7	8
·	·	9	1	·	2	8	·	2	7
1	3	7	2	4	·	9	8	6	·
2	4	8	3	6	1	·	2	3	1
8	9	·	5	9	7	·	7	5	8

No 35

6	8	7	9	·	8	2	·	3	1
1	3	2	6	·	6	1	·	7	9
·	·	1	8	·	7	4	5	9	8
1	2	3	·	3	9	·	4	8	6
2	9	·	5	2	4	3	1	·	·
5	8	9	7	6	·	4	6	9	7
·	·	5	8	1	6	·	·	1	3
8	5	·	9	7	8	5	·	2	1
9	3	·	·	4	9	3	1	·	·
5	2	6	1	·	3	1	4	7	2
·	·	8	2	9	7	6	·	8	1
9	4	1	·	1	5	·	1	9	6
4	3	2	1	6	·	8	2	·	·
7	2	·	8	7	·	9	5	8	6
5	1	·	6	8	·	4	3	1	2

No 36

9	4	·	5	9	8	·	2	1	7
5	3	4	1	2	7	·	5	3	8
·	2	8	·	4	9	8	·	4	9
5	1	·	·	4	1	3	2	6	·
9	7	8	·	2	6	9	8	·	·
·	·	2	1	5	3	·	1	2	8
9	8	6	2	7	·	·	·	1	7
3	2	1	·	9	8	·	4	6	9
8	1	·	·	5	1	2	3	4	·
7	3	1	·	1	7	4	8	·	·
·	·	3	1	6	9	·	1	4	2
7	9	4	6	8	·	·	·	7	9
1	3	·	2	9	8	·	6	9	·
3	8	9	·	4	6	2	1	5	3
2	6	1	·	7	9	1	·	8	6

Solutions

No 37

2	1		7	9		6	9	8	5
4	2	3	1	6		1	4	3	2
	4	7		7	8		7	9	1
1	3			8	6	4		7	3
9	7	8	1		9	7	8	6	4
	5	3	1	4	2	7			
9	2		7	5		3	5	2	1
8	4	9		2	5		9	6	8
5	1	2	3		8	9		1	3
	8	7	9	1	4	6			
4	2	3	1	5		2	1	4	6
7	4		9	8	2			1	8
9	8	7		4	1		1	8	
8	1	2	9		5	7	8	9	6
6	3	1	7		4	8		3	2

No 38

1	5		6	4		3	9	1	2
2	6	8	9	7		5	8	7	9
		4	2	1		2	7		
1	6	5	3	2		1	6	2	3
2	8	9					3	1	
6	9	7	4	8		5	1	7	
	6	5	2		9	6	8	1	
8	6		1	9	2	7		9	6
4	1	7	2		7	8	9		
	8	9	3		1	6	3	2	4
4	9					8	1	9	
2	7	3	1		7	9	6	3	8
	9	3		1	3	4			
4	1	6	2		3	2	1	8	4
7	9	8	4		5	8		9	1

No 39

2	4	6	9	8		9	7	8	5
1	2	3	8	7		7	1	3	2
3	1		2	6	1	5		4	1
4	9	2		9	2		4	9	3
	9	6			4	2			
2	8	4	1	3		6	5	9	7
5	9	8	3	6	7		1	4	2
		7	8	9	6				
1	2	5		5	8	2	7	9	6
6	8	9	5		3	1	6	4	2
		7	9		3	9			
5	9	4		1	7		4	7	9
3	6		1	2	8	9		2	8
1	2	3	7		2	7	3	1	4
2	4	1	9		1	8	2	4	7

No 40

5	1		1	7		7	1	6	9
9	6	5	7	8		9	3	8	6
	4	6		6	2	1		2	8
3	2		6	9	8		2	1	4
9	3	8	1		1	9	3		
	5	2	1		8	1	3	2	
8	7	9	5	6	3		9	2	1
1	8		3	8	1	9		9	7
7	9	3		5	4	6	3	8	9
2	5	1	4		2	3	1		
	7	8	9		8	6	9	2	
9	3	2		8	5	7		6	1
6	1		6	4	3		6	8	
8	5	7	9		1	5	3	4	2
5	2	1	3		7	8		7	9

Solutions

No 41

2	8	7		8	4	6	9	7	3
6	9	8		4	3	5	6	2	1
1	2	4	3		1	9	8		
	9	5	7	6	8		9	2	
6	9		6	4	2	7	9	8	5
3	4	7	2	1		2	8	3	1
1	6	9	8	5	7	3			
2	3	8		2	3		1	3	7
		7	3	6	9	2	1	5	
6	8	7	9		9	7	3	8	6
2	3	1	5	4	8	6		5	9
1	2		3	1	5	4	2		
	1	4	2		8	5	7	9	
1	3	2	8	6	9		3	1	8
2	1	4	6	3	7		1	2	5

No 42

4	3	6	1	2		4	8	2	1
8	6	9	3	7		8	9	5	7
	1	7	2		1	2	7	3	
4	9	8		8	2	9		4	9
1	5		7	2		3	2	1	8
	8	9	6	7	4	1	5		
6	7	8	9	4	3	5		1	2
1	2	5		9	6		2	9	7
2	4		4	5	2	1	3	7	6
	1	7	6	5	3	9	8		
6	9	3	8		9	7		5	9
4	7		2	4	1		3	4	1
	5	1	3	2		8	1	2	
9	8	4	6		5	6	2	3	1
3	6	2	1		8	9	4	6	7

No 43

3	4		6	9	5		7	3	
9	1	2	8	7	4	3	6	5	
		1	4	2		2	4	1	6
7	8	5	9		7	6	8	4	9
1	7	4		6	1	4	3	2	8
8	9		1	2		7	9		
	7	6	8	2	1	5	4	9	
6	1	2		9	1		2	1	3
9	8	5	6	7	3	2	1		
	1	5		8	9		2	8	
7	9	6	8	3	4		8	5	9
2	6	4	3	1		2	5	1	3
4	5	8	9		1	3	6		
	8	3	7	5	2	1	9	6	4
	7	9		9	8	4		7	1

No 44

5	9	8	6	7		9	8	4	7
3	4	6	2	1		3	5	1	2
2	5	3	1		2	1	7		
1	7	2		1	3		3	4	8
4	8		1	2	7	9		6	9
	6	4	3			6	5	3	
	6	7	9	4		8	1	6	
6	1	7		8	2		9	5	7
8	2	9		5	1	9	6		
	7	8	9			1	4	3	
5	4		1	4	2	7		9	7
1	3	2		7	5		7	6	1
	3	8	9			1	3	4	2
4	2	1	6		7	4	9	8	5
7	8	6	9		1	2	8	7	3

415

Solutions

No 45

No 46

No 47

No 48

Solutions

No 49

8	6	9		9	3		2	8	1
9	3	7		5	1	2	3	7	4
5	1	2	4		4	5		9	2
		9	7		3	9	2		
6	8	9	2	4	7		3	1	2
1	2	6		1	9	3		6	9
8	9		9	2	3	1	4	5	7
	2	8			5	9			
3	4	6	5	1	9	2		1	3
5	8		6	5	8		8	7	9
4	2	3		2	6	9	1	3	4
	5	1	6		1	5			
1	6		9	7		3	1	2	4
5	7	4	8	6	9		7	4	9
7	9	1		1	2		3	1	8

No 50

	6	9	3		8	2		4	2
2	5	3	1		6	3	2	1	5
6	8		2	1	5		1	3	
5	9	8	6	7		8	7	9	
		9	4		6	9		2	7
9	5	3		7	9	8	4	5	
2	1		6	2	5	1			
	3	8	1	5	4	7	2	6	
	9	6	8	7			1	3	
1	6	2	4	8		6	8	9	
1	4		3	9		6	1		
6	7	9		1	4	3	2	5	
3	1		5	2	9		1	8	
8	2	4	3	1		7	8	3	9
9	6		8	6		8	9	4	

No 51

3	7		9	7		8	2	7	
2	9		5	3		4	1	3	2
1	6	2		2	8	9		9	5
		8	9	6	7		9	8	4
3	2	6	4	1		9	8	2	
5	8	7		6	5	3	1	2	
2	1	5	4		9	2		5	3
		9	6	2	8	1	7		
1	4		8	5		6	8	1	2
6	8	5	9	7			6	9	7
	9	2	7		2	3	4	5	1
8	7	1		7	4	8	9		
1	5		8	2	3		5	4	8
2	3	1	7		1	3		1	3
	6	8	9		8	9		2	1

No 52

5	8	6	7		5	4	9	7	
2	7	3	1		6	2	1	4	3
1	2			1	7	8		2	8
7	9		4	9		6	1	4	
3	6	1	2		8	5	9		
		6	8	9		1	5	3	2
2	1	3	4	8	7		8	4	9
9	3		1	6	3	2		2	1
8	7	9		7	5	3	2	1	4
7	2	8	5		9	7	4		
		7	2	8		6	1	8	7
1	2	3		6	8			3	1
5	9		3	7	9			9	3
2	3	5	1	4		3	9	7	4
	7	8	5	9		1	8	6	2

417

Solutions

No 53

No 54

No 55

No 56

Solutions

No 57

```
  8 6 2     9 4     9 3 8
  9 7 3     5 2 3 7 1 4
  7 3 1 2     3 5 4 2 1
      8 6 9 4     1 8
  2 9 5     8 9     5 6 1
  1 5     1 3 2 4     9 3
        8 4 9     8 9 7 5
  1 3 9 2     9 6 8 2
  2 1 6 8     8 7 3
  4 2     3 1 6 2     4 1
  9 6 2     6 9     9 6 7
        9 7     5 1 6 2
  2 3 6 1 4     3 8 9 6
  1 5 7 3 2 6     7 8 1
  5 9 8     1 9     5 7 3
```

No 58

```
  9 3 1     8 3     9 6 8
  8 1 4 3 5 2     7 1 2
      2 4 6 1 5 3
  1 8         9 8 7     3 5
  2 9 7 8         4 8 9 6
    7 5 9 8 6     6 7 9
  2 4     1 7 2     1 4
  5 6     3 6 1 2     6 9
    5 4     9 4 3     1 4
  9 1 2     4 3 1 5 2
  4 3 1 2         5 9 8 7
  8 2     1 6 2         5 9
      4 5 9 6 8 7
  3 1 7     8 3 7 6 5 9
  7 6 9     7 1     2 1 3
```

No 59

```
    1 5 6     7 2 1 3
  4 7 8 9     8 5 9 7 6
  1 6     8 7 9 1     9 8
      1 4 2     3 5
  8 9 6     8 5 4 9 7 6
  1 6 2 4 9 3     6 1 2
  2 7 5 9     2 9     9 7
      3 5 7 1 8 2
  9 5     2 9     7 6 9 8
  8 1 7     8 7 6 1 5 2
  4 2 1 6 5 3     4 8 5
      2 9     9 1 3
  3 1     4 1 2 3     5 8
  9 8 6 7 3     2 6 1 3
    9 3 8 2     8 9 4
```

No 60

```
  9 7     7 2 9     7 8 9
  5 6     9 3 8     1 2 8
    8 7     1 5 4 2 3
  1 5 2 3     7 5     4 9
  7 9 5 8 6 2     2 1 5
      9 7 1     7 6 9 8
  7 6     9 2     1 3 5
  9 5 2     5 1     1 7 5
    3 1 2     9 8     6 1
  9 7 4 8     4 1 2
  8 9 3     1 7 5 9 6 8
  2 1     3 2     2 8 4 1
    2 1 7 5 9     7 3
  1 4 2     3 6 5     2 1
  4 8 9     6 8 9     1 3
```

419

Solutions

No 61

No 62

No 63

No 64

Solutions

No 65

	3	1		1	5		9	2	5
5	1	2		4	6	7	2	3	1
9	5	8	2		7	9	8	4	
8	2		1	4	3	2		5	9
		6	3	8	9		4	1	7
9	6	8		7	8	6	9		
2	4	1	3	6		7	8	5	9
3	1		4	9	7	2		1	7
5	2	6	1		4	1	7	2	3
		9	7	5	8		9	3	8
3	4	7		6	9	7	8		
9	8		6	3	2	1		2	7
	3	8	9	4		2	9	6	8
9	1	3	8	2	5		4	1	2
6	2	1		1	8		7	4	

No 66

9	8	7	5		2	3		3	4
3	2	5	1		4	5	9	7	8
	8	3		1	2	7	4		
1	4	3		5	9	7		1	8
5	9		2	6		1	3	2	4
2	1	3	5	8	4		6	8	9
3	8	9	7		3	2		5	7
	5	8	2	9	3	1			
3	8		9	6		1	2	6	8
1	2	4		7	1	5	6	8	9
6	9	7	8		8	9		9	7
2	7		6	1	5		5	2	4
	6	3	9	8		9	4		
2	3	1	5	6		2	1	4	3
1	5		7	9		7	3	9	8

No 67

8	1		7	3		1	3	5	
7	3	4	1	2		3	7	9	8
9	5	3		1	2	4		8	6
	6	7	8	4	9		2	7	9
8	2	1	4	5		2	1		
9	4	2		7	6	5	8	9	
	5	9		1	4	3	9	2	
9	4		1	7	6	3		4	1
6	3	1	2	4		1	6		
7	5	4	8	9		3	2	1	
	9	7		5	3	8	9	7	
1	8	2		5	8	1	9	7	
6	7		3	1	9		7	1	2
3	4	2	1		2	6	5	4	1
	9	8	2		7	9		6	5

No 68

5	9		8	3	7		1	5	4
1	8		9	5	8		2	8	1
	6	3	4	2	5	1		9	2
2	3	1		7	9	5	8	6	3
8	7		2	1		2	9		
	7	9	8	6	4		7	1	
9	6	2	8		1	3	4	9	2
8	9	4			6	8	9		
7	8	5	6	9		2	1	6	3
2	1		1	8	3	4	2		
	4	2		7	9		3	1	
7	5	8	4	9	6		8	7	9
8	1		3	8	4	9	6	2	
9	3	8		6	2	5		4	9
5	2	1		4	1	2		1	4

Solutions

No 69

3	2		2	5		2	4	6	1
8	5	9	4	7		6	8	9	7
	8	7	1		9	3	6	8	
3	9	8			7	1		2	1
2	1	5	3	4	6		1	7	5
1	7		1	5	4	2	3		
	4	9		9	8	5		4	1
1	3	7	4			4	5	6	9
8	6		5	1	2		1	7	
	9	8	6	5	7		1	8	
1	2	6		4	7	6	5	8	9
9	8		7	2			1	2	4
	1	2	4	3		8	3	9	
5	4	7	9		1	7	2	3	4
2	3	1	8		7	9		5	7

No 70

7	3		1	2	7	3		3	2
8	1		3	1	8	5	6	2	4
9	8	6		8	9		9	1	
5	2	1	4		1	2		4	3
	3	1	4		1	2	8	9	
3	8		9	8	6	4	7		
4	6	9	7	5	8	3		8	3
1	4	2		1	3		3	5	1
7	9		3	9	7	8	1	6	2
	1	2	3	4	6		9	5	
2	5	3	1		9	7	1		
5	7		4	9		9	2	5	1
	9	5		1	5		3	8	9
5	6	4	1	3	7	2		6	2
9	8		7	5	9	8		7	4

No 71

5	9	7		1	6	2		5	1
3	8	9		4	9	6		6	3
2	5	4	1		8	4	1	9	
1	7		9	2		9	4	8	2
		5	7	3	2	1		7	1
7	3	8		6	4	5	1	2	3
9	7			9	6	8	2		
6	1	5	9			7	4	9	8
		2	3	1	4		2	1	
5	3	9	6	7	8		1	5	2
7	1		7	8	9	4	6		
9	7	2	8		6	1		3	9
	2	1	4	9		5	2	1	6
6	4		1	5	2		8	2	7
9	5		2	8	7		9	7	8

No 72

4	1		1	5		9	8	7	
8	2	1	6	7		2	4	5	1
9	3	2		9	6	1		9	7
	4	3	2	6	1		7	8	3
2	6	7	9	8		1	3		
1	7	9		1	7	6	9	4	8
				1	2	6	3	4	
9	3	8		3	6		8	1	2
1	2	5	3	7					
3	1	6	4	9	2		1	4	2
		7	6		7	9	4	8	6
5	8	9		9	4	8	3	7	
1	7		2	6	1		5	9	8
2	4	3	1		3	1	2	5	6
	9	8	7		5	9		6	9

Solutions

No 73

```
   9 2 8 5   4 8     8 9
   6 1 7 4   3 6 1 2 4
       5 2   1 7 2
   8 1 2 3   5 9     9 5
   9 3 6 8   2 5 6 3 1
         9 6 7   4 8
   2 6 3 1 5 4   5 4 2
   1 8     8 9     9 1
   5 9 3   9 7 6 5 8 3
       2 5   8 9 7
   9 7 4 6 8   5 4 8 3
   4 1   7 9   3 1 5 2
       1 2 4   4 3
   3 8 7 9 6   7 6 8 9
   1 3     8 5   1 2 3 6
```

No 74

```
   7 4   5 8 9   6 7 3
   5 2   1 4 2   1 6 2
   2 1   2 9   7 3 8 1
   8 6 1   3 5 8 4 9 7
   9 7 3 8   6 5 2
   6 3   1 8 3 9   7 9
       2 4 9 8   2 3 1
   2 1 6   6 4   6 9 8
   7 8 9   3 1 7 8
   1 3   1 4 2 9   6 3
       4 3 7   4 5 9 7
   3 1 6 2 5 4   1 7 4
   8 6 9 5   1 3   5 2
   1 2 7   9 5 7   4 1
   2 4 8   8 2 1   8 6
```

No 75

```
   1 6   3 1 8   1 3
   2 8 7 6 5 9   8 9 1
     9 8 4   6 1 3 5 2
   3 4 5 2 1   4 9 7 8
   9 7 6   9 7 3
       4 2 3 1   2 3 1
   8 5 9 7   4 8 9 7 5
   9 2   9 8 2 7   9 2
   3 1 7 5 2   6 2 8 3
   5 4 9   6 8 9 7
       8 1 5   3 2 1
   1 3 2 7   9 8 5 6 7
   2 8 6 9 7   5 4 1
   4 9 7   5 9 2 1 3 8
     4 1   2 6 1   4 9
```

No 76

```
   6 1   2 8   2 9 7 5
   4 3 2 1 5   3 7 5 1
   8 7 9 6   9 5 6 8
   7 2   3 2 1   9 6
   9 4 5 7 6 8   2 4 1
       1 5 8   9 8
   7 1   2 9 7 5 1 3 4
   9 8 6   1 2   3 9 8
   4 2 1 6 7 8 9   7 9
       2 9   6 8 7
   1 3 4   3 4 7 2 1 5
   4 8   2 1 9   7 9
     9 8 4 6   9 3 5 8
   3 2 4 1   4 3 1 2 6
   8 7 9 5   2 4   3 7
```

423

Solutions

No 77

1	4	7	2		3	1	6	2	
3	2	5	1		6	7	9	8	4
		9	3		1	2		6	3
7	9	8	4		4	9		4	1
9	8	6		1	2		2	1	
	4	6	8	9		5	9	8	
7	9		1	6		7	1	3	2
8	5	6	4		9	3	5	1	
9	3	8	2		4	1		7	4
3	2	1		9	2	8	4		
	7	9		7	1		5	9	7
9	8		9	8		5	1	4	2
8	6		1	5		7	2		
7	1	2	4	3		9	6	8	7
	4	9	7	6		8	3	4	1

No 78

3	6		8	7		2	4	3	1
1	2	3	4	5		8	7	9	6
		2	9	8	6		9	8	3
3	1		1	6	4	2		7	2
7	2	9		9	8	5	7	6	4
9	6	8	2		9	3	1		
	7	4	3	2	1		1	6	
1	5	2		6	5		5	2	4
4	8		9	8	7	6	4		
	2	3	1		5	1	2	6	
7	6	5	8	4	9		2	7	9
6	2		7	2	8	9		1	8
9	1	2		7	5	8	9		
8	7	4	9		3	1	7	2	5
4	3	1	7		7	6		8	9

No 79

8	3	9		4	9		9	7	8
3	1	2		1	6	3	7	2	4
7	2		1	3	4	2		1	9
9	5	8	6		8	9	2		
		1	4	3	7		5	9	8
9	8	4	5	7		4	1	6	2
8	7	2	9		6	1		3	1
	6	7	3	9	8	4			
6	2		8	1		3	2	6	5
8	9	5	3		8	6	5	7	9
9	7	1		1	9	5	3		
		6	1	4		2	1	5	4
1	2		7	6	8	9		8	1
6	7	5	8	3	9		9	7	3
2	4	1		2	3		8	9	6

No 80

3	8		2	7	1		1	2	7
4	9		5	8	3		8	4	9
6	7	9		9	2	4	7	3	8
1	5	2	4		5	9		1	2
2	4		9	8		8	7		
		4	6	3	5	2	1		
6	3	5	8	4	9	7		3	1
9	2	8		1	4		8	9	7
8	1		7	2	8	5	1	6	4
	2	9	5	6	8	7			
	1	6		7	9		7	3	
4	9		8	7		7	9	8	4
2	7	4	5	1	3		3	4	1
1	6	2		4	7	9		6	2
6	8	9		2	1	4		9	5

Solutions

No 81

```
3 4 2 1 5   3 8 9 6
7 9 6 5 8   1 4 2 3
    2 7 1   9 6 2
3 8 9   9 7 8   5 1
2 7 5 9   2 6 1 3 4
1 4 3 6 5   9 6 7 8
7 9   8 3 9 5   8 9
    2 7
5 9   4 1 5 2   9 2
2 4 1 3   6 9 3 8 7
7 8 2 9 6   8 2 3 1
1 3   8 1 3   1 7 3
8 6 9   2 7 1
4 7 8 2   8 4 6 7 9
3 2 5 1   4 2 3 1 7
```

No 82

```
    5 7   9 7   8 9
6 4 8 1 5 3 2 9 7
4 1 5 2   1 5   6 1
  6 9 5 8   1 9 8 4
8 3   3 5   3 8
5 2 1   8 4 6 9 7
9 7 3 8 4 6   4 1 2
        1 2 3 8
8 9 6   3 7 9 6 5 8
2 3 4 6 1   1 3 2
  1 9   4 3   6 9
5 9 2 7   1 2 3 7
1 2   5 1   1 5 2 3
7 5 8 2 3 4 6 9 1
8 3   7 9   1 8
```

No 83

```
3 9 8   2 1 3   2 1
1 8 7   7 6 8   1 3
    5 2   6 3 8 9
6 3 9 4 2 5 7 1
9 4   6 1 3 9   9 4
    1 7 3 9   1 7 2
6 9 7 8 5   7 9 8 6
4 7   9 4 3 2   2 1
2 4 1 3   1 5 2 6 3
5 8 9   4 9 8 7
1 6   2 1 6 4   7 1
    8 3 2 7 6 1 9 4
2 6 3 1   9 3
1 9   7 9 8   2 5 1
6 8   4 1 5   5 8 9
```

No 84

```
9 8 4   9 3 1   6 2
4 6 1   3 1 2   8 1
7 9 5 8   8 4 6 9 7
    2 5 7 4 3 1
9 7   1 8 7   9 7
5 1 3   2 3   2 1
8 9 7   3 5 1 7 8 9
    2 7 5 6 8 9
5 6 1 8 7 9   8 3 1
1 3   9 8   3 1 2
2 4   9 1 8   9 5
    9 8 6 5 7 3
1 3 4 6 2   6 5 8 9
7 9   9 1 5   2 1 4
2 4   7 4 8   1 3 7
```

425

Solutions

No 85

9	4	1	2		4	2		4	9
8	9	5	6		3	4	1	2	8
5	1	2		1	9	3	2	5	
	5	3	9	4		6	8	7	9
8	7		4	2	5	1		3	1
1	2	3		7	9		9	6	8
6	3	8	2			3	4	1	2
		6	5			5	6		
1	5	7	3		6	8	7	3	
7	8	9		2	7		7	5	1
3	9		4	8	9	1		3	2
2	4	8	1		8	3	9	6	
	2	6	3	5	1		7	8	1
8	6	9	5	7		1	5	4	2
4	7		2	9		6	8	9	4

No 86

2	8	9		1	9		3	9	6
4	9	6	8	5	7		4	8	9
1	4		9	2		9	5	7	8
	3	1	6		1	3	2	6	4
2	6	7		5	2		1	5	3
5	7		7	9	8	4	6		
	1	9	4		3	1		1	8
3	2	6	1		5	7	6	9	
1	5		2	6		2	6	3	
	7	6	8	9	3		2	1	
6	1	2		9	7		1	7	5
4	3	1	2	7		3	9	8	
8	6	5	9		8	2		4	1
7	9	3		3	7	1	4	5	2
9	8	6		2	9		8	9	5

No 87

2	7		9	6		8	5	1	2
3	4	1	7	2		9	7	8	6
1	5	2		2	3	6	4	1	
6	9	5		5	7	6	9		
	7	8	6		7	8	9	2	
2	1	4	5		1	5		5	1
8	4	6	7	5	9		8	4	
	3	9	1	8	2	6			
2	8		2	6	3	4	1	5	
8	9		5	9		5	8	6	9
1	6	5	3		2	1	5		
	3	2	4	1		2	1	3	
6	8	4	7	9		9	6	8	
5	9	1	4		3	8	7	5	9
3	7	2	1		1	6		2	4

No 88

1	3	2		8	4	2		5	9
3	8	9		9	3	4		2	1
8	9		7	4	2	1	5	3	
2	7	3	8		6	8	9	4	7
	2	9	4	1		4	1	2	
3	6	1		7	5	9	8		
2	8	7	6	9		1	7	8	2
1	3		2	8	5	3		9	3
4	9	7	5		9	4	8	7	6
	5	1	6	7		2	5	1	
9	6	8		5	2	1	3		
2	3	6	1	4		8	9	7	6
	5	9	3	7	8	6		9	3
7	2		2	9	6		3	4	2
9	1		4	8	9		2	8	1

Solutions

No 89

5	1	8	4		3	6			1	4
8	7	9	5		1	4	3	2	5	
	4	3	5	2	7	1				
9	1		7	9	4	8		8	9	
8	2	3	1			9	8	5	3	
	7	5		7	9		9	7		
1	5		5	3	6	2	7	4	1	
3	8		6	2	8	1		9	4	
4	6	8	9	5	7	3		3	2	
	4	9		1	3		6	1		
1	3	5	2		1	9	2	3		
5	9		1	6	3	2		6	4	
	5	4	7	9	6	8				
5	7	9	6	8		8	9	2	7	
3	8		3	9		4	6	1	2	

No 90

2	1	7	3		7	9		2	1
7	3	8	9		9	8	5	6	7
	2	9		1	5	6	2	3	
9	8		1	2	4		3	1	7
1	4	9	3	6	8	7		4	9
	2	4	3		1	8			
4	1	5		5	6	4	7	9	8
8	6		5	8	7	9		1	3
9	7	5	2	4	1		1	7	9
	4	1		9	7	3			
1	2		4	5	8	6	2	9	7
4	8	6		3	4	5		3	1
	7	9	8	2	5		9	8	
7	9	8	6	4		6	8	7	9
4	6		5	1		1	5	2	3

No 91

3	6		5	1		3	2	1	8
2	9	3	8	6		6	8	7	9
	7	8	9		9	4		3	7
1	3	2		6	3	1	4	2	5
7	8	6	4	9		2	1		
	1	3	5	2		2	1	3	
3	6	4	2	8	1		2	8	
2	7	5	1		4	6	3	9	
6	9		6	9	3	8	5	7	
1	4	3		1	6	2	9		
	9	1		2	1	4	3	8	
2	1	8	4	3	7		5	2	9
9	7		3	1		6	3	1	
7	3	2	9		6	8	7	5	9
8	2	1	7		2	9		4	5

No 92

1	7		4	8	9		1	3
3	4	9	1	2	7		3	7	1
2	9	7		5	8	2	6	9	7
	8	7		4	1	2			
2	1	5	4	3		9	8	7	3
9	8		6	9	8		4	5	1
1	3	2	5		9	5		9	2
	5	1	8	3	7	4	9	6	
9	6		9	6		1	7	3	2
5	2	1		1	7	2		4	5
8	4	2	1		6	7	4	8	9
	9	5	8		3	2			
9	1	8	2	7	4		1	9	7
1	4	7		9	7	5	3	8	6
2	5		6	2	1		6	1	

Solutions

No 93

No 94

3	1			9	8			1	2	3
8	5	9	7	6			4	7	8	9
9	2	1			1	4	2	3	5	6
			8	2	7	6	9			
3	9			1	9	7			9	8	1
4	8	9		5	3	9	8	7	6
2	3	1	6			1	6	4	2
1	5			1	5	2	3			1	6
	7	3	8	9			8	1	3	2
5	6	2	9	7	3			9	5	8
2	4	1			8	7	9			4	9
			5	4	1	2	3			
9	1	5	8	6	2			6	8	9
7	6	8	9			4	2	1	3	6
	2	6	7			5	9			2	7

No 95

No 96

428

Solutions

No 97

	1	3	8	7		6	8	5	9	7
	2	1	7	6		2	6	1	5	3
	4	6	9	8	5		9	2		
			5	4	3	2	1		1	3
	6	9		9	7	6		3	5	6
	2	1	3	5		3	7	6	8	9
	1	3	7				9	5	6	8
		8	9	2			6	2	4	
	9	7	8	3			4	3	8	
	6	4	2	1	7		4	1	2	7
	7	5	1		1	2	6		7	9
	8	6		4	8	7	9	5		
		8	1		1	8	2	7	3	
	8	4	9	6	7		7	4	9	8
	4	3	6	2	1		3	1	4	2

No 98

5	9	7	8			1	2	4	3
2	4	1	6			3	7	9	8
4	6		5	9	4	6		7	9
1	3	7		6	3		8	6	
	8	9	6			2	3	5	1
3	5	8	2	1	6	4		8	2
5	7		5	6	7	9	8		
	5	7	3	9	8	6			
	1	3	2	4	5		2	7	
3	2		1	4	8	6	2	5	9
9	7	8	4			7	1	8	
	4	9		5	3		4	9	8
3	1		3	9	1	2		1	6
2	3	8	1			6	8	7	9
8	5	9	4			1	3	4	2

No 99

1	5		8	9		3	1	5	2
8	6	4	9	7		8	3	7	9
	2	1	7		4	1	2	6	
1	4	2		3	2		8	1	
6	8	3	5	7	9		8	9	4
2	3		1	9	8	6	7		
	9	1		2	5	1		5	7
9	7	3		1	2		8	1	2
7	1		1	5	6		9	3	
	8	2	6	7	9		6	1	
8	3	9		3	1	5	7	4	2
6	1		1	4		8	9	5	
	6	9	7	8		4	9	7	
7	4	8	9		4	1	5	2	3
1	2	6	3		9	2		8	7

No 100

8	1		1	3	4		4	9	8
7	4		2	5	8	6	1	4	3
	7	9	8		9	4		2	1
1	2	6		3	1		3	6	
5	3	8	9	6	7		1	3	6
	5	1	4		9	5	7	8	
1	5		5	7	4	3	2	1	
2	9	6		8	2		4	8	9
	4	7	5	9	6	8		5	2
1	3	5	2		7	9	4		
3	7	9		1	3	6	2	5	4
	1	8		4	1		1	4	2
6	2		9	8		9	6	7	
9	6	5	2	3	7	8		8	9
7	8	3		2	1	3		9	7

Solutions

No 101

9	8	7	6		1	3		4	5
6	3	2	1		6	4	8	7	9
	5	9	4		2	1	7	3	
7	1		2	5		2	9	8	3
8	6	5	3	9	7		3	2	1
4	2	1		4	3	1		9	8
9	4		7	8	9	6	4	5	2
		2	1			9	7		
1	4	3	9	6	2	8		5	2
3	9		8	9	3		2	4	1
7	8	9		7	5	4	9	6	8
2	7	3	9		1	2		7	9
	6	1	4	8		3	1	9	
3	5	2	1	6		1	2	3	4
9	1		2	9		5	7	8	9

No 102

7	9	5	8	3		9	4	8	7
3	5	2	4	1		6	2	3	1
4	8	3	7		9	8	7		
2	7	1	6		6	7	3	5	1
1	2		5	7			1	4	2
		5	2	3	7	1		7	4
8	9	7	3		9	5		6	3
6	8	9		4	1		3	9	8
2	5		3	9		9	5	8	7
4	7		6	3	4	2	1		
1	2	3			9	7		6	1
3	6	8	1	2		1	3	4	2
	9	5	8		5	1	8	3	
2	9	7	3		1	3	2	7	4
1	8	6	2		8	6	7	9	5

No 103

1	8	9		3	4	1	2	7	5
2	4	8		6	7	2	5	8	9
3	9	7	2		8	4		3	1
	3	6	1	2			6	9	
7	1		8	9	7	3	4	6	5
3	2	1			6	2	1	4	3
9	6	8		7	9	1	3		
8	5		6	9	8	5		8	9
		9	7	8	5		1	2	5
3	5	2	1	4			5	4	8
5	7	8	4	6	2	9		5	7
	4	1			1	8	4	9	
4	9		5	9		7	2	3	1
3	8	9	6	7	5		1	6	3
2	6	7	1	4	3		3	7	9

No 104

2	7		1	4	6	2		3	7
1	3	9	2	7	8	4		4	9
	4	7		8	9		9	2	
4	2	6	1	3		2	8	7	9
2	5	8	3	6	4	1		1	6
	1	3		9	8	5	6		
2	6		1	2			9	8	7
1	9		6	5	1	3		6	2
3	8	9			6	9		9	1
	8	7	9	5		9	7		
5	9		1	7	2	5	6	4	3
1	4	2	5		4	3	5	1	2
	6	3		2	7		8	3	
2	8		4	1	3	6	7	2	5
1	7		6	4	9	8		5	8

430

Solutions

No 105

No 106

No 107

No 108

Solutions

No 109

4	3	1	2	5			1	7	2	3
7	9	6	3	8			4	9	7	8
		1	9	8			8	6	5	
3	9	2			7	9	6		3	1
2	8	1	9			6	3	1	5	2
5	7	6	8	9			7	5	9	4
1	2			6	7	9	8		8	6
			1	3	8	2				
3	6			2	1	7	5		7	1
8	5	9	7			4	1	2	6	3
2	3	8	4	1			4	3	9	6
4	7			3	7	2		1	8	2
7	9	1			2	1	5			
6	8	4	9			4	9	6	8	7
1	4	2	7			3	8	1	2	4

No 110

9	7	2			4	8	9			5	8
4	5	1	7	3	6	2			1	3	
	6	4	3	2	1			2	8	9	
2	8			5	1			7	1	3	
3	9	1	8			8	9	3	6	7	
		2	9	7	6	8			4	8	
5	4			6	4	3	5	1	2		
9	7	1			3	1			8	9	6
	8	6	5	9	7	4			7	1	
9	3			3	8	9	2	5			
8	5	9	2	6			1	3	2	8	
	2	5	1			9	7			5	9
7	9	8			9	8	6	7	4		
2	1			5	8	7	3	2	1	9	
1	6			1	2	6			1	3	7

No 111

	1	2	6			3	7	1	4	2	5
	3	1	9			6	8	4	7	5	9
	2	4	7	8	5	9	3	6			
			8	9		5	2			3	1
	7	1			4	1	2			4	9	8
	8	6	9			2	3	4		1	7	6
	9	3	5	7	8	4	6				
	5	2	3	1				8	9	4	7
			5	4	6	3		1	2	8	
	5	8	9	3	6	7			8	3	9
	1	5	2			2	9	1			1	2
	7	9			8	9			9	7		
			3	1	5	6		7	8	2	4
	5	1	4	2	7	3			3	1	2
	9	5	6	3	8	7			9	7	8

No 112

9	7	8	2			9	8			6	7
4	2	6	1			3	2	1	4	6	
7	6	9			9	7			7	8	9
3	1			3	4	2	1			3	8
		8	2	9	7	4	5	6	1		
3	4	1			6	1			1	2	6
6	9	4	2	8	5	7			5	9	
			7	9			1	4			
8	3			1	4	6	5	7	3	2	
9	7	3			1	8			8	2	1
	4	1	3	6	7	2	9	5			
8	9			2	3	5	1			8	1
7	2	1			5	9			1	7	2
5	1	3	4	2			1	2	6	3	
9	6			9	7			8	4	9	6

Solutions

No 113

2	6	4	1		4	7	3	1	2
3	5	1	2		8	9	6	4	7
5	9	7	8		5	3	1	2	4
4	8	9		6	1	8	2		
1	4		1	5	2	6		3	7
6	7	3	8	9		4	1	2	3
	1	3	8	9		8	6	9	
1	6		2	7	8	9		1	8
7	8	9		4	5	7	9		
2	5	3	1		2	4	7	5	1
3	9		9	6	1	8		9	5
	7	8	9	3		1	3	2	
4	1	3	6	2		6	9	8	7
9	5	6	7	8		1	7	6	3
8	2	1	5	7		2	8	7	4

No 114

9	5		3	7	9	5		6	7
8	1		1	3	5	2		3	5
5	2	1		9	6		7	1	2
	7	5	6	2	8	1	9	4	
6	4	2	1		3	8	9	2	
9	6	7		9	7		6	2	1
8	3	6	1	4	2	5		7	3
	9	8	3	5	7	6			
4	8		3	2	1	8	4	6	9
1	2	4		1	3		1	4	8
2	4	6	1		1	2	3	4	
	5	9	2	1	8	4	3	7	
9	7	8		8	9		9	8	2
7	1		2	4	5	1		5	1
8	9		8	9	7	2		9	8

No 115

4	9		5	9		8	7	6	9
1	6	3	4	2		6	9	3	8
	2	1				1	2	3	
9	8	4	7	6		3	5	1	7
7	9	1	3	8	6	5	4		
3	1		2	4	1		8	9	6
		9	8	7	2	3	1		
9	1		7	2	4	1		8	3
8	6	4	9	5	7				
5	2	1		7	3	9		2	7
	5	4	3	2	6	8	1	9	
6	1	3	5		9	8	7	4	5
8	7	9				7	9		
5	3	2	1		2	3	5	1	4
9	2	7	6		1	5		9	8

No 116

	7	6	9	8		1	3	2	5
	6	1	4	5	3	2	9	7	8
4	9	2	8		9	8		3	7
6	8		7	2	1		8	4	9
2	4	3	5	1		4	3	1	
	1	2		1	5		8	2	
6	4		6	2	4	7	1	5	3
4	2	1		9	7		8	9	7
9	7	4	8	1	2	6		6	1
8	6		9	5		3	6		
	1	2	3		9	5	7	6	8
3	9	6		9	7	8		4	9
2	3		5	1		4	8	1	6
1	5	4	8	7	6	2	9	3	
4	8	7	9		3	1	6	2	

433

Solutions

No 117

9	3	8		2	1		5	9	8
2	1	4		8	6		2	3	1
8	2	7	5	1	3	9	6	4	
	9	4		2	7			5	1
9	7	5		9	4	6	8	7	3
6	2		9	8		8	9	6	
	8	4	6	9	5	7	1	2	
2	1	7		4	8		6	2	9
5	8	9	4	3	7	2	1		
	3	4	1		4	1		7	3
7	4	6	3	2	1		3	5	1
9	2		2	1		9	4		
	6	3	5	9	7	1	2	4	8
6	5	1		8	9		1	8	5
8	9	7		5	1		8	6	9

No 118

8	6	5	1		8	7	6	3	9
9	7	8	5		5	2	3	1	7
4	2	1	3		9	3	1		
	2	4	1		9	5	3	1	
8	4	9	6	7	3		7	1	2
6	1	3	2		6	8	9	7	5
9	3	7		7	2	6	8	5	9
	7	8	4	9					
4	3	8	2	9	1		7	1	9
3	2	4	1	5		7	9	3	8
8	7	9		1	5	4	3	2	7
2	1	3	9		1	8	2		
	1	2	9		6	4	8	1	
2	9	6	7	8		5	1	3	2
1	5	2	3	6		9	8	7	6

No 119

1	8	6	5	4		8	2	1	3
3	7	2	4	1		9	7	6	8
7	9		9	6	8		6	2	5
	2	7	3	5	1	4			
7	9	6	8	5		3	8	7	9
1	8	4	3	2	6		3	2	8
3	7	1	2		9	8		1	2
	3	6	1	7	5	9			
8	7		1	2		9	8	7	5
9	4	8		3	9	7	6	8	1
5	1	2	3		5	1	4	3	2
	4	9	6	8	3	7			
8	6	9		1	4	2		2	9
9	8	7	4		6	4	2	1	3
4	2	3	1		7	6	9	3	8

No 120

7	8		6	8		1	9	7	3
1	6	2	4	3		3	8	9	6
	9	4	7		1	2	6	4	
9	7	1	5	3	2	4		3	9
1	5		9	8	5	7		1	8
	8	2	1	4		1	2	7	
1	5	4	3	2		3	9	6	
3	9	7	8		6	7	8	9	
2	6	1		1	2	3	5	7	
5	8	9		7	4	9	8		
1	6		9	8	3	5		7	9
2	7		5	3	2	4	1	6	8
	3	5	2	1		8	2	9	
1	4	9	8		9	7	3	8	6
2	1	7	6		4	1		2	1

434

Solutions

No 121

2	4	3	1
3	1	4	2
1	3	2	4
4	2	1	3

No 122

3	1	2	4
2	4	3	1
4	2	1	3
1	3	4	2

No 123

1	2	4	3
4	3	1	2
3	1	2	4
2	4	3	1

No 124

1	3	2	4
2	4	3	1
4	2	1	3
3	1	4	2

No 125

3	2	4	1
1	4	3	2
4	1	2	3
2	3	1	4

No 126

4	2	1	3
1	3	4	2
2	4	3	1
3	1	2	4

No 127

1	4	3	2
3	2	4	1
4	1	2	3
2	3	1	4

No 128

2	1	4	3
4	3	2	1
1	2	3	4
3	4	1	2

No 129

5	6	2	3	1	4
3	4	1	5	2	6
4	5	3	2	6	1
1	2	6	4	5	3
2	1	4	6	3	5
6	3	5	1	4	2

No 130

5	3	1	6	4	2
2	4	6	5	1	3
3	1	2	4	5	6
6	5	4	3	2	1
1	6	5	2	3	4
4	2	3	1	6	5

No 131

3	6	4	1	2	5
5	2	1	4	3	6
4	3	2	6	5	1
6	1	5	2	4	3
2	5	6	3	1	4
1	4	3	5	6	2

No 132

2	1	4	6	5	3
3	5	6	4	2	1
4	6	1	5	3	2
5	2	3	1	4	6
6	3	5	2	1	4
1	4	2	3	6	5

No 133

5	4	1	2	6	3
3	2	6	4	5	1
4	3	2	5	1	6
6	1	5	3	2	4
1	5	4	6	3	2
2	6	3	1	4	5

No 134

4	1	5	2	6	3
3	2	6	1	5	4
5	4	1	6	3	2
2	6	3	4	1	5
6	5	2	3	4	1
1	3	4	5	2	6

Solutions

No 135

6	4	2	1	3	5
3	1	5	2	4	6
2	6	3	5	1	4
4	5	1	3	6	2
1	2	6	4	5	3
5	3	4	6	2	1

No 136

4	3	5	1	6	2
1	2	6	3	4	5
5	6	2	4	3	1
3	4	1	5	2	6
6	1	3	2	5	4
2	5	4	6	1	3

No 137

1	3	6	8	7	5	2	4	9
9	8	7	3	4	2	5	1	6
2	5	4	6	9	1	7	8	3
4	6	1	5	2	7	9	3	8
8	2	3	9	6	4	1	7	5
7	9	5	1	8	3	6	2	4
5	7	8	2	3	6	4	9	1
3	1	2	4	5	9	8	6	7
6	4	9	7	1	8	3	5	2

No 138

2	4	9	7	1	6	5	3	8
6	3	8	4	2	5	7	1	9
1	5	7	3	9	8	6	4	2
4	8	2	5	3	9	1	6	7
5	9	3	1	6	7	2	8	4
7	6	1	2	8	4	3	9	5
8	2	6	9	7	1	4	5	3
3	1	5	8	4	2	9	7	6
9	7	4	6	5	3	8	2	1

No 139

3	2	8	7	6	5	1	4	9
1	7	4	9	3	8	2	6	5
9	6	5	1	4	2	7	8	3
7	3	9	4	8	1	6	5	2
4	1	2	5	7	6	3	9	8
8	5	6	3	2	9	4	1	7
2	4	1	8	5	3	9	7	6
5	9	3	6	1	7	8	2	4
6	8	7	2	9	4	5	3	1

No 140

5	8	7	2	4	3	6	9	1
9	6	3	5	1	8	4	7	2
2	4	1	9	6	7	8	3	5
8	3	9	4	2	5	7	1	6
7	5	2	6	8	1	3	4	9
4	1	6	3	7	9	5	2	8
3	2	5	7	9	6	1	8	4
6	9	8	1	3	4	2	5	7
1	7	4	8	5	2	9	6	3

Solutions

No 141

2	1	5	8	4	9	6	3	7
4	9	7	6	1	3	2	5	8
6	3	8	7	2	5	4	9	1
3	6	9	5	7	8	1	4	2
8	5	4	1	6	2	3	7	9
7	2	1	3	9	4	8	6	5
1	4	6	2	5	7	9	8	3
9	7	3	4	8	1	5	2	6
5	8	2	9	3	6	7	1	4

No 142

6	4	7	3	8	1	2	5	9
8	2	1	4	9	5	7	3	6
9	3	5	7	6	2	4	1	8
1	8	3	9	7	6	5	4	2
7	5	4	8	2	3	9	6	1
2	9	6	1	5	4	8	7	3
4	6	8	2	3	7	1	9	5
5	1	2	6	4	9	3	8	7
3	7	9	5	1	8	6	2	4

No 143

3	4	1	7	5	2	9	8	6
8	5	6	1	9	3	7	2	4
9	7	2	6	4	8	5	3	1
7	1	9	4	3	6	8	5	2
4	8	5	2	7	9	1	6	3
2	6	3	5	8	1	4	7	9
1	3	4	8	2	5	6	9	7
6	9	8	3	1	7	2	4	5
5	2	7	9	6	4	3	1	8

No 144

5	2	1	6	8	3	4	9	7
8	3	9	5	4	7	6	2	1
4	7	6	1	9	2	5	3	8
6	9	5	4	7	8	3	1	2
3	1	8	2	6	5	7	4	9
2	4	7	9	3	1	8	5	6
9	8	2	7	5	4	1	6	3
7	6	4	3	1	9	2	8	5
1	5	3	8	2	6	9	7	4

No 145

9	6	3	4	5	7	8	2	1
2	1	7	6	8	9	4	3	5
4	8	5	1	3	2	6	7	9
8	7	1	3	4	6	9	5	2
5	4	9	2	7	1	3	6	8
3	2	6	8	9	5	1	4	7
6	9	2	5	1	4	7	8	3
7	5	8	9	6	3	2	1	4
1	3	4	7	2	8	5	9	6

No 146

8	5	6	4	1	2	7	3	9
4	9	3	7	8	6	1	2	5
7	1	2	3	5	9	4	8	6
9	8	1	2	4	3	5	6	7
2	3	5	1	6	7	9	4	8
6	7	4	8	9	5	3	1	2
5	2	9	6	3	4	8	7	1
1	4	7	9	2	8	6	5	3
3	6	8	5	7	1	2	9	4

Solutions

No 147

2	8	7	5	9	3	4	1	6
1	9	4	7	6	8	2	5	3
5	6	3	1	2	4	8	9	7
6	3	8	9	1	2	7	4	5
9	7	5	4	8	6	1	3	2
4	2	1	3	5	7	9	6	8
7	1	9	8	3	5	6	2	4
8	5	2	6	4	9	3	7	1
3	4	6	2	7	1	5	8	9

No 148

2	9	1	8	5	7	3	4	6
3	4	7	6	2	1	5	8	9
8	6	5	3	4	9	7	2	1
4	3	8	7	6	5	9	1	2
6	1	2	4	9	3	8	7	5
7	5	9	1	8	2	6	3	4
9	8	4	2	7	6	1	5	3
1	2	6	5	3	8	4	9	7
5	7	3	9	1	4	2	6	8

No 149

5	8	7	9	6	1	3	4	2
2	9	6	3	4	8	7	5	1
1	4	3	2	7	5	9	8	6
6	7	4	8	3	2	1	9	5
3	5	2	1	9	4	6	7	8
8	1	9	6	5	7	2	3	4
9	3	1	4	8	6	5	2	7
7	2	8	5	1	3	4	6	9
4	6	5	7	2	9	8	1	3

No 150

9	4	6	3	7	5	2	1	8
1	5	2	6	9	8	4	7	3
7	8	3	2	4	1	6	9	5
4	7	9	8	5	3	1	2	6
2	6	5	7	1	4	3	8	9
8	3	1	9	6	2	7	5	4
3	1	7	4	8	9	5	6	2
5	9	4	1	2	6	8	3	7
6	2	8	5	3	7	9	4	1

No 151

9	8	3	4	1	6	7	5	2
7	6	4	2	3	5	8	9	1
1	5	2	8	7	9	6	3	4
6	9	7	1	2	3	4	8	5
8	4	1	5	9	7	3	2	6
3	2	5	6	4	8	9	1	7
4	3	9	7	5	1	2	6	8
2	1	8	9	6	4	5	7	3
5	7	6	3	8	2	1	4	9

No 152

2	6	9	5	4	7	1	8	3
3	7	4	8	1	9	6	5	2
8	1	5	3	2	6	4	9	7
6	4	7	2	9	3	8	1	5
1	9	8	7	5	4	3	2	6
5	3	2	1	6	8	7	4	9
7	2	3	4	8	5	9	6	1
9	8	1	6	7	2	5	3	4
4	5	6	9	3	1	2	7	8

Solutions

No 153

1	8	9	7	2	3	5	4	6
2	3	6	9	4	5	1	7	8
7	4	5	8	6	1	9	2	3
4	1	8	2	3	7	6	5	9
3	5	2	6	9	4	8	1	7
9	6	7	5	1	8	2	3	4
8	9	1	4	7	2	3	6	5
6	2	4	3	5	9	7	8	1
5	7	3	1	8	6	4	9	2

No 154

3	2	1	9	7	4	8	6	5
6	9	4	1	5	8	3	7	2
8	5	7	2	6	3	1	4	9
5	4	6	8	3	7	9	2	1
1	3	2	4	9	6	7	5	8
7	8	9	5	1	2	6	3	4
4	1	3	7	8	5	2	9	6
2	6	8	3	4	9	5	1	7
9	7	5	6	2	1	4	8	3

No 155

6	4	5	8	9	1	7	2	3
2	7	9	3	4	5	8	1	6
1	3	8	2	7	6	5	4	9
3	5	7	4	2	8	6	9	1
4	9	1	6	5	3	2	7	8
8	6	2	9	1	7	4	3	5
5	8	4	7	3	9	1	6	2
9	2	6	1	8	4	3	5	7
7	1	3	5	6	2	9	8	4

No 156

2	7	5	3	1	6	4	8	9
6	4	3	8	9	2	5	1	7
9	1	8	4	7	5	2	3	6
3	6	1	7	5	8	9	2	4
8	5	7	2	4	9	1	6	3
4	2	9	6	3	1	7	5	8
1	8	6	9	2	4	3	7	5
7	9	2	5	8	3	6	4	1
5	3	4	1	6	7	8	9	2

No 157

1	4	8	9	5	3	7	2	6
9	6	3	2	8	7	5	1	4
7	5	2	1	4	6	3	8	9
8	2	6	3	9	4	1	7	5
5	1	7	6	2	8	9	4	3
4	3	9	7	1	5	8	6	2
6	8	5	4	7	9	2	3	1
3	7	1	5	6	2	4	9	8
2	9	4	8	3	1	6	5	7

No 158

8	5	9	7	6	4	1	3	2
1	7	4	2	8	3	5	9	6
6	2	3	5	1	9	4	8	7
9	6	7	3	5	8	2	1	4
4	1	8	9	2	6	7	5	3
5	3	2	4	7	1	8	6	9
2	4	6	8	9	5	3	7	1
3	8	1	6	4	7	9	2	5
7	9	5	1	3	2	6	4	8

Solutions

No 159

1	8	9	2	3	5	6	4	7
2	5	4	6	8	7	1	3	9
3	7	6	1	4	9	2	8	5
4	6	5	3	9	2	7	1	8
9	2	7	8	5	1	3	6	4
8	1	3	4	7	6	5	9	2
7	4	2	9	1	3	8	5	6
6	3	8	5	2	4	9	7	1
5	9	1	7	6	8	4	2	3

No 160

6	2	1	7	5	3	9	4	8
7	8	5	9	4	6	3	2	1
3	4	9	8	1	2	6	5	7
9	7	4	5	8	1	2	6	3
1	3	8	2	6	4	5	7	9
5	6	2	3	7	9	8	1	4
2	9	7	4	3	5	1	8	6
8	1	3	6	2	7	4	9	5
4	5	6	1	9	8	7	3	2

No 161

1	6	8	9	4	3	5	7	2
2	7	3	5	6	1	9	8	4
9	5	4	2	7	8	1	3	6
3	4	1	7	8	9	6	2	5
5	9	7	6	3	2	4	1	8
8	2	6	4	1	5	7	9	3
7	8	9	3	5	4	2	6	1
4	3	2	1	9	6	8	5	7
6	1	5	8	2	7	3	4	9

No 162

1	6	8	9	4	3	2	5	7
4	5	9	8	7	2	6	3	1
3	7	2	6	5	1	8	9	4
8	3	4	1	2	9	7	6	5
5	9	1	7	6	8	3	4	2
7	2	6	4	3	5	9	1	8
9	1	7	3	8	4	5	2	6
2	8	3	5	1	6	4	7	9
6	4	5	2	9	7	1	8	3

No 163

5	7	3	4	2	6	9	8	1
2	4	6	8	1	9	3	5	7
9	8	1	5	7	3	4	6	2
3	9	2	1	4	5	6	7	8
6	5	7	9	8	2	1	3	4
8	1	4	3	6	7	5	2	9
7	2	9	6	3	1	8	4	5
4	6	5	7	9	8	2	1	3
1	3	8	2	5	4	7	9	6

No 164

7	1	9	5	4	3	2	6	8
5	3	8	1	2	6	4	7	9
4	2	6	7	8	9	1	3	5
6	4	7	2	3	5	9	8	1
3	5	2	8	9	1	6	4	7
8	9	1	4	6	7	5	2	3
2	8	3	9	1	4	7	5	6
9	6	5	3	7	2	8	1	4
1	7	4	6	5	8	3	9	2

Solutions

No 165

9	2	5	1	4	3	7	6	8
1	8	7	9	5	6	4	3	2
4	3	6	8	2	7	9	1	5
3	6	1	4	9	2	5	8	7
8	7	9	3	6	5	1	2	4
2	5	4	7	1	8	3	9	6
6	1	2	5	7	9	8	4	3
7	4	8	6	3	1	2	5	9
5	9	3	2	8	4	6	7	1

No 166

6	2	8	1	9	5	3	4	7
7	3	9	4	8	6	5	2	1
4	5	1	7	2	3	8	9	6
8	6	4	3	1	9	7	5	2
2	7	3	5	4	8	1	6	9
9	1	5	6	7	2	4	8	3
5	8	6	2	3	7	9	1	4
1	9	7	8	6	4	2	3	5
3	4	2	9	5	1	6	7	8

No 167

7	3	8	5	1	9	2	4	6
5	1	9	6	2	4	8	3	7
4	6	2	3	8	7	5	1	9
8	4	7	2	3	6	9	5	1
6	5	3	9	7	1	4	2	8
2	9	1	8	4	5	7	6	3
9	7	4	1	6	2	3	8	5
3	2	6	7	5	8	1	9	4
1	8	5	4	9	3	6	7	2

No 168

6	8	4	7	9	3	2	5	1
7	3	1	5	4	2	9	6	8
9	2	5	1	8	6	3	4	7
8	7	9	2	6	5	4	1	3
4	5	3	8	1	7	6	9	2
1	6	2	4	3	9	8	7	5
2	4	6	3	7	1	5	8	9
3	1	8	9	5	4	7	2	6
5	9	7	6	2	8	1	3	4

No 169

4	5	6	8	1	7	9	3	2
3	7	8	2	9	6	5	4	1
9	2	1	3	4	5	8	7	6
7	8	9	5	2	1	4	6	3
5	1	2	6	3	4	7	8	9
6	4	3	7	8	9	1	2	5
8	9	4	1	6	3	2	5	7
2	6	7	9	5	8	3	1	4
1	3	5	4	7	2	6	9	8

No 170

4	7	5	3	2	8	6	1	9
2	6	8	9	1	7	5	4	3
9	3	1	6	5	4	7	8	2
3	8	6	7	9	1	2	5	4
7	1	9	5	4	2	8	3	6
5	4	2	8	3	6	9	7	1
8	2	3	4	6	5	1	9	7
1	5	4	2	7	9	3	6	8
6	9	7	1	8	3	4	2	5

Solutions

No 171

7	4	8	9	6	5	1	2	3
3	1	6	7	4	2	5	9	8
5	2	9	8	1	3	7	6	4
4	9	5	3	8	6	2	1	7
6	3	1	2	7	4	9	8	5
8	7	2	1	5	9	4	3	6
1	6	4	5	2	8	3	7	9
2	8	3	4	9	7	6	5	1
9	5	7	6	3	1	8	4	2

No 172

6	9	1	5	7	3	8	4	2
5	3	7	4	8	2	1	6	9
4	2	8	6	1	9	7	5	3
3	1	6	2	5	7	4	9	8
9	8	4	3	6	1	5	2	7
2	7	5	9	4	8	6	3	1
1	4	9	7	3	6	2	8	5
7	6	3	8	2	5	9	1	4
8	5	2	1	9	4	3	7	6

No 173

4	5	7	8	6	1	9	3	2
9	3	2	4	7	5	6	8	1
8	1	6	3	9	2	4	5	7
1	6	8	2	3	9	5	7	4
5	7	4	1	8	6	3	2	9
3	2	9	5	4	7	8	1	6
2	9	3	7	5	4	1	6	8
6	8	1	9	2	3	7	4	5
7	4	5	6	1	8	2	9	3

No 174

5	4	1	3	6	2	7	9	8
7	2	3	5	8	9	4	6	1
8	9	6	1	7	4	2	3	5
4	1	7	9	2	5	6	8	3
2	6	8	7	1	3	9	5	4
9	3	5	6	4	8	1	2	7
6	8	4	2	3	1	5	7	9
3	5	2	4	9	7	8	1	6
1	7	9	8	5	6	3	4	2

No 175

6	3	7	2	9	1	5	4	8
1	8	9	4	3	5	2	7	6
2	5	4	8	6	7	9	1	3
5	7	1	6	4	9	3	8	2
8	2	6	1	5	3	4	9	7
9	4	3	7	2	8	6	5	1
3	6	8	9	1	4	7	2	5
7	9	2	5	8	6	1	3	4
4	1	5	3	7	2	8	6	9

No 176

2	6	1	8	3	7	4	9	5
4	7	9	6	2	5	3	8	1
3	8	5	1	9	4	6	7	2
7	4	8	2	1	6	5	3	9
1	3	2	5	7	9	8	6	4
5	9	6	3	4	8	1	2	7
8	1	7	9	5	3	2	4	6
6	2	4	7	8	1	9	5	3
9	5	3	4	6	2	7	1	8

Solutions

No 177

8	1	3	7	4	5	9	2	6
5	2	9	3	1	6	8	4	7
6	4	7	8	2	9	5	1	3
1	3	6	2	9	4	7	8	5
7	9	5	6	8	1	4	3	2
4	8	2	5	7	3	1	6	9
2	5	1	9	6	8	3	7	4
9	6	4	1	3	7	2	5	8
3	7	8	4	5	2	6	9	1

No 178

7	3	5	2	9	8	4	1	6
2	6	1	5	4	7	9	8	3
9	4	8	6	3	1	2	5	7
4	2	6	9	1	5	7	3	8
5	9	3	8	7	2	6	4	1
8	1	7	3	6	4	5	2	9
6	8	9	4	2	3	1	7	5
1	5	2	7	8	6	3	9	4
3	7	4	1	5	9	8	6	2

No 179

5	2	8	6	9	7	3	4	1
6	9	3	1	4	8	2	7	5
7	4	1	3	5	2	6	8	9
4	8	7	5	2	6	9	1	3
9	5	2	7	3	1	4	6	8
1	3	6	4	8	9	5	2	7
8	1	5	2	6	3	7	9	4
2	7	4	9	1	5	8	3	6
3	6	9	8	7	4	1	5	2

No 180

8	9	3	2	4	7	5	1	6
5	1	2	6	3	8	4	9	7
6	4	7	9	5	1	8	3	2
9	3	5	7	8	6	1	2	4
4	7	6	1	2	5	3	8	9
1	2	8	3	9	4	7	6	5
3	5	1	4	6	9	2	7	8
2	8	9	5	7	3	6	4	1
7	6	4	8	1	2	9	5	3

No 181

5	3	8	4	9	6	1	2	7
4	1	9	2	5	7	8	6	3
7	6	2	1	3	8	4	9	5
2	7	3	8	1	9	5	4	6
9	4	5	6	7	2	3	8	1
1	8	6	3	4	5	2	7	9
8	2	7	5	6	1	9	3	4
3	9	1	7	8	4	6	5	2
6	5	4	9	2	3	7	1	8

No 182

6	5	9	2	3	7	8	1	4
4	2	1	8	9	6	3	5	7
8	7	3	1	4	5	2	6	9
3	8	2	6	1	4	7	9	5
9	1	4	7	5	8	6	3	2
7	6	5	9	2	3	1	4	8
2	4	7	5	6	1	9	8	3
5	9	6	3	8	2	4	7	1
1	3	8	4	7	9	5	2	6

Solutions

No 183

3	8	7	2	4	6	1	5	9
4	5	1	7	8	9	3	2	6
9	6	2	5	3	1	8	4	7
1	2	6	9	5	7	4	3	8
5	9	4	3	6	8	7	1	2
7	3	8	4	1	2	6	9	5
6	7	5	1	9	4	2	8	3
8	1	3	6	2	5	9	7	4
2	4	9	8	7	3	5	6	1

No 184

7	2	6	5	1	4	3	9	8
1	3	9	8	7	6	5	4	2
8	4	5	2	9	3	6	7	1
9	6	1	3	2	5	7	8	4
2	7	4	6	8	1	9	3	5
5	8	3	9	4	7	1	2	6
6	1	8	4	3	9	2	5	7
3	5	2	7	6	8	4	1	9
4	9	7	1	5	2	8	6	3

No 185

2	6	3	9	1	5	4	8	7
9	1	4	8	7	6	5	2	3
7	8	5	4	3	2	9	6	1
1	3	8	5	9	4	6	7	2
6	2	9	1	8	7	3	4	5
5	4	7	6	2	3	8	1	9
8	9	6	2	5	1	7	3	4
3	5	2	7	4	8	1	9	6
4	7	1	3	6	9	2	5	8

No 186

9	1	4	5	7	3	8	2	6
3	2	5	1	8	6	4	7	9
7	8	6	2	4	9	1	5	3
5	9	3	8	6	4	2	1	7
8	6	7	3	2	1	9	4	5
1	4	2	7	9	5	3	6	8
6	7	8	4	3	2	5	9	1
4	3	1	9	5	7	6	8	2
2	5	9	6	1	8	7	3	4

No 187

4	5	7	9	6	2	1	8	3
2	1	8	4	7	3	6	5	9
3	9	6	8	1	5	7	2	4
1	6	4	2	3	7	5	9	8
7	8	5	1	4	9	3	6	2
9	3	2	6	5	8	4	7	1
6	4	9	7	8	1	2	3	5
8	7	3	5	2	4	9	1	6
5	2	1	3	9	6	8	4	7

No 188

3	2	9	8	1	6	7	4	5
8	4	6	7	9	5	1	2	3
7	1	5	3	2	4	8	6	9
5	3	4	2	8	9	6	1	7
9	7	2	5	6	1	3	8	4
6	8	1	4	7	3	9	5	2
4	5	7	1	3	8	2	9	6
1	6	3	9	4	2	5	7	8
2	9	8	6	5	7	4	3	1

Solutions

No 189

6	8	4	5	1	2	3	7	9
3	5	2	7	9	8	1	6	4
7	1	9	6	3	4	5	8	2
9	3	5	1	6	7	4	2	8
8	4	6	3	2	5	9	1	7
1	2	7	4	8	9	6	3	5
5	6	8	9	7	1	2	4	3
4	7	3	2	5	6	8	9	1
2	9	1	8	4	3	7	5	6

No 190

9	7	6	2	1	3	5	4	8
8	4	3	6	9	5	7	2	1
1	5	2	7	8	4	3	6	9
3	1	4	5	6	2	9	8	7
2	9	8	3	7	1	6	5	4
7	6	5	8	4	9	1	3	2
6	2	9	4	3	7	8	1	5
4	3	1	9	5	8	2	7	6
5	8	7	1	2	6	4	9	3

No 191

4	2	5	1	8	7	9	3	6
9	1	6	3	5	2	8	7	4
7	3	8	4	9	6	5	2	1
8	9	2	5	3	1	4	6	7
6	5	4	7	2	9	3	1	8
3	7	1	6	4	8	2	9	5
2	8	7	9	6	5	1	4	3
5	6	3	2	1	4	7	8	9
1	4	9	8	7	3	6	5	2

No 192

9	8	5	6	1	2	3	4	7
4	3	6	5	7	9	2	8	1
1	7	2	4	8	3	5	9	6
6	4	8	1	5	7	9	2	3
7	2	9	8	3	6	1	5	4
3	5	1	2	9	4	7	6	8
2	9	7	3	6	8	4	1	5
5	6	3	9	4	1	8	7	2
8	1	4	7	2	5	6	3	9

No 193

4	5	1	9	8	6	3	7	2
8	2	7	5	4	3	1	6	9
9	3	6	2	1	7	5	8	4
6	9	4	8	3	5	2	1	7
1	8	3	7	6	2	4	9	5
5	7	2	1	9	4	8	3	6
3	4	9	6	5	8	7	2	1
7	1	5	3	2	9	6	4	8
2	6	8	4	7	1	9	5	3

No 194

2	5	7	6	4	8	1	3	9
8	6	9	7	3	1	5	4	2
4	3	1	9	5	2	8	7	6
1	4	6	8	9	3	2	5	7
7	8	2	4	1	5	6	9	3
3	9	5	2	7	6	4	8	1
5	1	4	3	6	9	7	2	8
9	7	8	1	2	4	3	6	5
6	2	3	5	8	7	9	1	4

Solutions

No 195

7	4	3	1	8	9	2	6	5
2	9	5	6	4	3	7	1	8
1	6	8	7	2	5	9	3	4
9	7	1	2	6	4	5	8	3
6	3	4	5	9	8	1	2	7
8	5	2	3	7	1	6	4	9
5	8	9	4	1	6	3	7	2
3	2	6	8	5	7	4	9	1
4	1	7	9	3	2	8	5	6

No 196

7	9	3	6	5	1	8	4	2
1	5	2	8	4	7	6	9	3
4	6	8	9	2	3	7	1	5
8	7	6	2	1	4	3	5	9
3	1	9	5	6	8	2	7	4
2	4	5	3	7	9	1	8	6
6	2	7	1	9	5	4	3	8
5	8	1	4	3	2	9	6	7
9	3	4	7	8	6	5	2	1

No 197

2	9	5	1	6	4	7	8	3
8	6	4	5	3	7	2	1	9
1	3	7	9	2	8	5	6	4
7	5	9	4	8	6	3	2	1
6	8	3	2	5	1	4	9	7
4	1	2	7	9	3	6	5	8
5	7	8	3	1	2	9	4	6
3	2	1	6	4	9	8	7	5
9	4	6	8	7	5	1	3	2

No 198

7	9	8	3	5	2	4	1	6
5	3	6	1	9	4	7	8	2
2	4	1	8	6	7	9	3	5
4	5	9	2	1	3	6	7	8
8	2	3	4	7	6	5	9	1
6	1	7	5	8	9	2	4	3
3	6	2	7	4	1	8	5	9
1	8	4	9	2	5	3	6	7
9	7	5	6	3	8	1	2	4

No 199

7	3	8	4	9	6	1	5	2
5	2	1	8	7	3	9	4	6
4	9	6	2	5	1	8	7	3
3	7	5	9	6	4	2	1	8
1	4	2	7	3	8	5	6	9
8	6	9	5	1	2	4	3	7
6	5	7	1	2	9	3	8	4
9	8	3	6	4	5	7	2	1
2	1	4	3	8	7	6	9	5

No 200

5	4	8	3	7	6	1	9	2
6	1	9	2	4	5	7	8	3
7	2	3	8	1	9	4	5	6
1	8	6	7	9	4	3	2	5
2	3	5	6	8	1	9	7	4
4	9	7	5	3	2	8	6	1
8	6	4	9	5	3	2	1	7
9	5	1	4	2	7	6	3	8
3	7	2	1	6	8	5	4	9

Solutions

No 201

3	7	8	9	2	5	6	4	1
6	1	2	4	3	7	5	9	8
9	4	5	8	6	1	2	7	3
1	5	7	6	4	9	3	8	2
2	3	4	7	5	8	1	6	9
8	9	6	2	1	3	7	5	4
5	8	1	3	7	4	9	2	6
4	6	3	5	9	2	8	1	7
7	2	9	1	8	6	4	3	5

No 202

6	9	2	5	7	3	4	8	1
4	7	8	1	6	9	5	3	2
1	5	3	4	2	8	7	9	6
2	3	4	7	8	6	1	5	9
8	1	9	2	4	5	6	7	3
5	6	7	9	3	1	2	4	8
9	2	1	3	5	4	8	6	7
7	4	6	8	9	2	3	1	5
3	8	5	6	1	7	9	2	4

No 203

1	3	6	5	9	2	7	4	8
5	7	4	6	8	1	3	9	2
2	9	8	3	7	4	1	6	5
8	2	5	7	4	6	9	1	3
6	1	3	9	2	5	4	8	7
7	4	9	8	1	3	2	5	6
9	5	2	4	6	7	8	3	1
3	8	1	2	5	9	6	7	4
4	6	7	1	3	8	5	2	9

No 204

1	8	4	6	7	3	5	2	9
5	7	3	9	2	4	1	8	6
2	9	6	1	5	8	3	4	7
8	2	1	7	9	5	4	6	3
7	6	5	3	4	2	8	9	1
4	3	9	8	6	1	2	7	5
3	1	7	2	8	9	6	5	4
9	5	2	4	3	6	7	1	8
6	4	8	5	1	7	9	3	2

No 205

5	9	4	7	2	3	8	1	6
2	3	7	8	6	1	4	5	9
6	8	1	5	4	9	7	3	2
3	7	8	2	1	5	9	6	4
1	2	6	9	3	4	5	8	7
9	4	5	6	7	8	1	2	3
8	6	3	1	9	7	2	4	5
4	1	9	3	5	2	6	7	8
7	5	2	4	8	6	3	9	1

No 206

2	9	8	3	6	4	5	7	1
7	5	6	8	1	9	2	3	4
3	4	1	7	5	2	6	9	8
4	6	2	5	7	8	3	1	9
5	1	9	6	4	3	8	2	7
8	3	7	9	2	1	4	6	5
1	8	3	4	9	6	7	5	2
6	2	5	1	8	7	9	4	3
9	7	4	2	3	5	1	8	6

Solutions

No 207

6	5	4	3	2	1	8	7	9
2	1	8	9	7	6	4	3	5
3	9	7	8	5	4	1	6	2
8	6	2	4	9	5	7	1	3
9	4	1	7	8	3	5	2	6
7	3	5	1	6	2	9	4	8
4	8	6	2	1	9	3	5	7
1	2	9	5	3	7	6	8	4
5	7	3	6	4	8	2	9	1

No 208

B	L	F	G	E	T	U	A	I
T	E	U	I	A	L	G	F	B
I	G	A	B	U	F	L	T	E
L	A	T	U	G	E	B	I	F
F	B	I	L	T	A	E	G	U
E	U	G	F	B	I	T	L	A
A	I	E	T	L	U	F	B	G
G	F	L	E	I	B	A	U	T
U	T	B	A	F	G	I	E	L

No 209

N	L	K	G	E	Y	R	U	O
O	E	Y	U	L	R	G	K	N
G	R	U	O	N	K	Y	E	L
L	K	O	R	U	N	E	Y	G
U	Y	E	K	O	G	L	N	R
R	G	N	E	Y	L	K	O	U
Y	U	R	N	G	E	O	L	K
K	O	L	Y	R	U	N	G	E
E	N	G	L	K	O	U	R	Y

No 210

I	W	S	R	O	N	K	M	E
E	R	M	W	S	K	I	N	O
K	N	O	I	E	M	S	R	W
R	S	W	N	M	I	O	E	K
M	O	K	S	W	E	N	I	R
N	E	I	K	R	O	W	S	M
W	K	E	M	N	S	R	O	I
S	M	R	O	I	W	E	K	N
O	I	N	E	K	R	M	W	S

No 211

S	L	D	U	R	G	E	F	A
U	A	E	S	D	F	G	L	R
G	R	F	L	A	E	D	S	U
R	D	U	E	S	L	F	A	G
E	F	A	D	G	R	L	U	S
L	G	S	A	F	U	R	D	E
D	U	R	G	L	S	A	E	F
A	S	G	F	E	D	U	R	L
F	E	L	R	U	A	S	G	D

No 212

C	O	S	H	L	U	E	B	G
E	L	B	C	S	G	O	U	H
H	G	U	O	E	B	L	C	S
L	E	O	B	C	S	H	G	U
U	B	G	L	H	E	S	O	C
S	C	H	U	G	O	B	E	L
G	S	C	E	B	H	U	L	O
O	H	E	G	U	L	C	S	B
B	U	L	S	O	C	G	H	E

Solutions

No 213

H	C	G	T	R	B	S	E	A
S	E	B	A	C	H	G	R	T
R	T	A	E	S	G	B	C	H
E	G	T	R	H	S	A	B	C
A	B	R	C	T	E	H	S	G
C	S	H	G	B	A	E	T	R
B	R	E	H	G	T	C	A	S
G	A	C	S	E	R	T	H	B
T	H	S	B	A	C	R	G	E

No 214

D	P	T	I	R	M	H	A	G
G	I	H	D	T	A	P	M	R
R	M	A	H	P	G	T	D	I
H	A	M	P	G	D	I	R	T
T	R	D	M	H	I	G	P	A
P	G	I	T	A	R	M	H	D
I	D	G	R	M	H	A	T	P
M	T	R	A	I	P	D	G	H
A	H	P	G	D	T	R	I	M

No 215

H	Z	L	K	P	A	D	M	R
M	A	R	Z	D	H	P	L	K
K	D	P	M	L	R	H	A	Z
P	R	Z	H	K	M	L	D	A
L	K	H	D	A	P	R	Z	M
D	M	A	L	R	Z	K	H	P
Z	L	D	R	M	K	A	P	H
A	H	K	P	Z	D	M	R	L
R	P	M	A	H	L	Z	K	D

No 216

I	T	N	P	L	A	M	R	Y
L	M	R	N	I	Y	T	P	A
A	Y	P	R	T	M	L	N	I
Y	R	I	A	N	L	P	M	T
T	P	M	Y	R	I	A	L	N
N	L	A	M	P	T	Y	I	R
R	N	Y	L	A	P	I	T	M
M	I	L	T	Y	N	R	A	P
P	A	T	I	M	R	N	Y	L

No 217

S	B	T	O	I	V	N	L	A
N	A	V	B	L	S	T	I	O
I	O	L	A	T	N	V	S	B
A	S	N	V	B	I	O	T	L
O	T	I	N	A	L	S	B	V
V	L	B	S	O	T	A	N	I
B	N	O	L	S	A	I	V	T
T	V	A	I	N	B	L	O	S
L	I	S	T	V	O	B	A	N

No 218

C	G	R	M	D	O	E	T	F
E	O	D	T	C	F	R	M	G
F	T	M	G	R	E	D	C	O
O	D	T	F	E	G	C	R	M
R	M	C	D	O	T	F	G	E
G	F	E	C	M	R	O	D	T
D	R	O	E	G	M	T	F	C
M	C	F	O	T	D	G	E	R
T	E	G	R	F	C	M	O	D

Solutions

No 219

J	T	N	D	E	A	U	I	C
I	A	C	T	J	U	N	D	E
D	E	U	I	N	C	A	J	T
A	J	D	N	T	E	I	C	U
U	N	I	C	D	J	E	T	A
E	C	T	A	U	I	D	N	J
T	U	J	E	I	D	C	A	N
N	D	A	U	C	T	J	E	I
C	I	E	J	A	N	T	U	D

No 220

D	R	T	N	O	E	S	I	G
O	I	S	G	T	D	E	N	R
E	N	G	S	R	I	D	T	O
T	S	O	E	D	G	N	R	I
I	E	N	R	S	O	T	G	D
G	D	R	I	N	T	O	E	S
N	O	D	T	G	R	I	S	E
S	G	I	D	E	N	R	O	T
R	T	E	O	I	S	G	D	N

No 221

N	W	R	O	D	E	X	T	K
X	E	K	T	R	W	D	O	N
D	O	T	N	K	X	R	W	E
K	T	O	W	N	D	E	R	X
E	R	X	K	O	T	N	D	W
W	N	D	E	X	R	T	K	O
R	D	W	X	E	O	K	N	T
T	X	N	D	W	K	O	E	R
O	K	E	R	T	N	W	X	D

No 222

O	D	A	K	S	B	N	M	U
U	M	N	A	O	D	S	B	K
S	K	B	M	U	N	D	O	A
D	O	M	U	A	K	B	N	S
B	A	S	N	D	M	U	K	O
N	U	K	O	B	S	A	D	M
A	N	O	D	K	U	M	S	B
M	S	U	B	N	O	K	A	D
K	B	D	S	M	A	O	U	N

No 223

T	B	S	E	R	F	N	C	A
E	R	C	A	N	B	T	S	F
F	N	A	C	T	S	R	E	B
S	F	E	N	B	C	A	R	T
A	C	B	T	S	R	F	N	E
R	T	N	F	E	A	S	B	C
B	E	T	S	F	N	C	A	R
C	S	F	R	A	E	B	T	N
N	A	R	B	C	T	E	F	S

No 224

C	E	N	A	G	L	R	S	D
R	A	D	N	E	S	C	L	G
G	S	L	R	D	C	E	N	A
S	N	A	E	R	G	L	D	C
D	L	C	S	N	A	G	E	R
E	G	R	C	L	D	S	A	N
N	D	S	L	C	R	A	G	E
A	C	G	D	S	E	N	R	L
L	R	E	G	A	N	D	C	S

Solutions

No 225

O	A	T	K	P	I	N	R	E
R	P	I	T	N	E	O	A	K
K	N	E	O	R	A	P	T	I
I	T	P	R	K	N	A	E	O
E	K	O	I	A	P	R	N	T
A	R	N	E	O	T	K	I	P
P	E	R	N	T	O	I	K	A
N	I	A	P	E	K	T	O	R
T	O	K	A	I	R	E	P	N

No 226

B	A	S	T	O	G	C	M	I
C	O	I	S	M	B	A	T	G
G	T	M	A	C	I	B	S	O
M	S	A	B	G	O	I	C	T
I	G	C	M	A	T	O	B	S
O	B	T	C	I	S	G	A	M
A	M	O	I	S	C	T	G	B
T	C	G	O	B	M	S	I	A
S	I	B	G	T	A	M	O	C

No 227

I	L	T	N	R	Q	P	M	E
E	M	Q	I	L	P	T	R	N
R	N	P	E	M	T	I	L	Q
N	P	E	L	I	R	Q	T	M
Q	T	M	P	E	N	L	I	R
L	I	R	T	Q	M	N	E	P
P	R	N	M	T	I	E	Q	L
T	Q	L	R	P	E	M	N	I
M	E	I	Q	N	L	R	P	T

No 228

E	A	H	S	G	N	K	C	I
K	N	I	C	H	A	G	S	E
G	S	C	E	I	K	H	A	N
I	C	S	A	E	G	N	H	K
N	H	K	I	S	C	E	G	A
A	E	G	N	K	H	C	I	S
H	G	A	K	N	S	I	E	C
C	K	E	G	A	I	S	N	H
S	I	N	H	C	E	A	K	G

No 229

L	R	E	F	T	D	C	G	A
G	A	T	R	E	C	L	D	F
F	D	C	G	A	L	R	T	E
R	T	A	E	G	F	D	C	L
C	F	D	L	R	T	E	A	G
E	G	L	D	C	A	F	R	T
A	E	F	C	D	G	T	L	R
D	L	G	T	F	R	A	E	C
T	C	R	A	L	E	G	F	D

No 230

H	V	I	T	E	O	U	B	A
T	A	U	H	B	I	O	E	V
E	O	B	A	U	V	H	I	T
U	T	H	I	A	E	B	V	O
A	I	V	O	T	B	E	H	U
B	E	O	V	H	U	T	A	I
I	B	E	U	V	T	A	O	H
O	U	A	E	I	H	V	T	B
V	H	T	B	O	A	I	U	E

451

Solutions

No 231

P	E	T	Y	G	R	N	K	A
N	A	Y	T	P	K	G	E	R
R	K	G	A	N	E	Y	T	P
A	R	N	E	K	G	P	Y	T
G	T	E	P	A	Y	R	N	K
Y	P	K	R	T	N	A	G	E
E	G	R	K	Y	P	T	A	N
T	Y	P	N	E	A	K	R	G
K	N	A	G	R	T	E	P	Y

No 232

K	N	P	E	B	D	Y	I	A
A	I	E	K	P	Y	D	N	B
B	Y	D	A	I	N	E	P	K
Y	K	I	N	E	B	A	D	P
P	D	B	I	A	K	N	Y	E
N	E	A	Y	D	P	B	K	I
E	B	K	D	N	I	P	A	Y
D	P	Y	B	K	A	I	E	N
I	A	N	P	Y	E	K	B	D

No 233

I	A	L	T	U	O	S	N	E
N	S	E	A	L	I	T	U	O
U	T	O	E	N	S	A	I	L
S	O	A	L	I	E	N	T	U
E	N	T	O	A	U	L	S	I
L	I	U	N	S	T	O	E	A
T	E	N	U	O	A	I	L	S
A	L	S	I	E	N	U	O	T
O	U	I	S	T	L	E	A	N

No 234

T	M	V	R	N	E	O	A	I
I	R	O	M	V	A	T	E	N
N	A	E	O	I	T	R	M	V
M	T	I	A	R	V	N	O	E
R	O	N	E	T	I	M	V	A
V	E	A	N	O	M	I	T	R
O	V	R	T	A	N	E	I	M
E	I	T	V	M	R	A	N	O
A	N	M	I	E	O	V	R	T

No 235

N	O	C	E	M	R	W	S	K
S	E	R	W	K	N	O	M	C
K	M	W	O	C	S	R	E	N
M	N	K	C	E	W	S	O	R
R	C	E	S	O	K	N	W	M
W	S	O	N	R	M	C	K	E
C	K	M	R	S	O	E	N	W
E	W	S	M	N	C	K	R	O
O	R	N	K	W	E	M	C	S

No 236

D	A	M	I	G	R	S	T	O
R	O	T	D	S	M	G	A	I
I	S	G	A	T	O	D	M	R
A	I	R	M	O	S	T	D	G
T	G	D	R	A	I	M	O	S
O	M	S	G	D	T	R	I	A
G	D	O	S	M	A	I	R	T
M	T	I	O	R	G	A	S	D
S	R	A	T	I	D	O	G	M

452

Solutions

No 237

P	S	E	H	T	K	A	M	L
T	A	L	M	E	P	S	K	H
H	K	M	L	A	S	T	P	E
S	T	H	P	K	M	L	E	A
L	E	K	A	H	T	P	S	M
A	M	P	E	S	L	K	H	T
M	L	S	T	P	H	E	A	K
K	H	A	S	L	E	M	T	P
E	P	T	K	M	A	H	L	S

No 238

T	B	F	P	R	O	A	E	U
P	U	A	F	T	E	B	R	O
E	O	R	A	B	U	T	P	F
F	E	O	B	A	T	P	U	R
U	T	P	E	O	R	F	A	B
R	A	B	U	F	P	O	T	E
O	P	U	T	E	F	R	B	A
A	F	E	R	P	B	U	O	T
B	R	T	O	U	A	E	F	P

No 239

C	R	T	G	L	A	I	E	B
E	A	B	C	R	I	L	G	T
G	I	L	T	E	B	R	A	C
L	G	R	I	C	E	T	B	A
T	C	I	A	B	G	E	R	L
B	E	A	L	T	R	C	I	G
R	B	C	E	G	T	A	L	I
A	L	E	B	I	C	G	T	R
I	T	G	R	A	L	B	C	E

No 240

T	Y	A	R	H	B	O	M	W
W	H	B	M	O	T	A	Y	R
M	O	R	W	A	Y	T	H	B
A	M	H	O	B	R	Y	W	T
R	T	Y	H	W	M	B	O	A
O	B	W	Y	T	A	H	R	M
B	R	M	A	Y	H	W	T	O
Y	W	T	B	R	O	M	A	H
H	A	O	T	M	W	R	B	Y

No 241

P	D	K	E	O	X	S	A	R
O	A	S	R	K	D	E	X	P
X	E	R	S	P	A	D	K	O
R	X	E	A	S	P	O	D	K
A	S	O	K	D	E	P	R	X
D	K	P	X	R	O	A	S	E
S	R	D	P	E	K	X	O	A
K	P	A	O	X	S	R	E	D
E	O	X	D	A	R	K	P	S

No 242

H	W	F	D	R	G	L	Y	A
R	A	D	F	Y	L	G	H	W
Y	L	G	H	W	A	R	F	D
W	D	A	G	H	F	Y	R	L
G	F	R	L	A	Y	W	D	H
L	H	Y	W	D	R	A	G	F
F	G	H	Y	L	W	D	A	R
A	Y	W	R	F	D	H	L	G
D	R	L	A	G	H	F	W	Y

Solutions

No 243

M	F	D	S	O	T	E	Y	I
E	Y	O	I	F	M	T	D	S
T	I	S	D	E	Y	M	O	F
I	D	E	T	Y	S	F	M	O
S	O	F	M	I	E	D	T	Y
Y	T	M	O	D	F	S	I	E
D	S	Y	E	T	O	I	F	M
F	M	I	Y	S	D	O	E	T
O	E	T	F	M	I	Y	S	D

No 244

T	S	N	H	E	P	D	U	R
D	H	R	S	U	T	P	N	E
E	P	U	D	N	R	S	H	T
R	E	S	N	P	H	T	D	U
H	N	P	T	D	U	E	R	S
U	T	D	R	S	E	H	P	N
N	U	H	E	T	D	R	S	P
P	D	T	U	R	S	N	E	H
S	R	E	P	H	N	U	T	D

No 245

N	R	B	A	E	W	K	S	Q
Q	E	S	K	R	B	W	N	A
A	K	W	Q	S	N	B	E	R
B	W	E	S	K	A	R	Q	N
R	A	N	E	B	Q	S	K	W
S	Q	K	N	W	R	A	B	E
K	N	Q	R	A	S	E	W	B
E	B	R	W	N	K	Q	A	S
W	S	A	B	Q	E	N	R	K

No 246

B	I	W	R	S	N	H	G	A
N	R	H	A	W	G	B	I	S
S	G	A	H	B	I	W	R	N
H	A	S	I	R	B	N	W	G
W	B	G	S	N	H	R	A	I
I	N	R	G	A	W	S	H	B
G	W	I	B	H	S	A	N	R
A	H	B	N	G	R	I	S	W
R	S	N	W	I	A	G	B	H

No 247

P	R	Y	A	N	E	S	T	K
T	E	K	P	S	R	N	Y	A
S	N	A	T	K	Y	E	P	R
A	P	R	S	T	K	Y	E	N
Y	S	N	E	A	P	R	K	T
E	K	T	Y	R	N	A	S	P
R	Y	E	K	P	A	T	N	S
K	A	S	N	Y	T	P	R	E
N	T	P	R	E	S	K	A	Y

No 248

O	B	L	Y	A	N	C	T	G
A	C	G	T	L	B	Y	O	N
N	Y	T	O	C	G	L	B	A
G	L	B	A	N	Y	O	C	T
T	O	N	B	G	C	A	L	Y
Y	A	C	L	T	O	G	N	B
B	T	A	C	Y	L	N	G	O
L	N	Y	G	O	T	B	A	C
C	G	O	N	B	A	T	Y	L

Solutions

No 249

D	A	E	T	N	R	O	W	G
R	O	G	D	A	W	E	T	N
T	N	W	E	G	O	D	R	A
G	T	A	N	D	E	R	O	W
W	D	N	O	R	G	A	E	T
O	E	R	W	T	A	G	N	D
E	R	D	G	W	T	N	A	O
N	W	O	A	E	D	T	G	R
A	G	T	R	O	N	W	D	E

No 250

L	H	S	N	I	E	A	O	D
I	A	D	O	L	S	E	H	N
E	O	N	H	A	D	S	I	L
S	N	H	D	O	A	L	E	I
D	L	I	E	S	H	N	A	O
O	E	A	I	N	L	D	S	H
H	D	L	S	E	O	I	N	A
A	I	E	L	H	N	O	D	S
N	S	O	A	D	I	H	L	E

No 251

G	L	S	E	Y	T	N	M	H
M	E	H	L	N	S	G	Y	T
Y	T	N	M	H	G	L	S	E
H	S	M	T	G	Y	E	N	L
E	G	T	S	L	N	Y	H	M
N	Y	L	H	M	E	T	G	S
L	N	E	G	S	H	M	T	Y
S	M	Y	N	T	L	H	E	G
T	H	G	Y	E	M	S	L	N

No 252

J	I	S	E	H	Y	L	F	N
F	E	Y	I	L	N	H	J	S
H	N	L	S	F	J	Y	E	I
S	F	J	L	I	E	N	H	Y
N	H	I	J	Y	S	E	L	F
Y	L	E	H	N	F	S	I	J
L	J	N	F	S	H	I	Y	E
E	Y	H	N	J	I	F	S	L
I	S	F	Y	E	L	J	N	H

No 253

T	R	N	P	G	I	W	O	E
E	I	O	R	T	W	G	P	N
G	W	P	O	E	N	T	I	R
W	N	R	T	P	G	O	E	I
I	E	T	W	O	R	N	G	P
O	P	G	I	N	E	R	W	T
N	O	E	G	R	P	I	T	W
R	G	W	E	I	T	P	N	O
P	T	I	N	W	O	E	R	G

No 254

P	C	K	D	E	I	A	T	R
R	E	A	T	P	K	D	C	I
T	I	D	R	C	A	K	P	E
C	R	T	I	K	E	P	A	D
D	K	P	C	A	R	I	E	T
E	A	I	P	D	T	C	R	K
I	D	E	A	T	C	R	K	P
K	P	C	E	R	D	T	I	A
A	T	R	K	I	P	E	D	C

Solutions

No 255

S	O	U	G	I	A	T	E	C
E	A	I	C	T	S	U	O	G
T	C	G	E	O	U	A	S	I
C	G	O	A	S	T	E	I	U
I	U	E	O	C	G	S	A	T
A	S	T	U	E	I	C	G	O
U	I	C	S	G	E	O	T	A
O	T	S	I	A	C	G	U	E
G	E	A	T	U	O	I	C	S

No 256

I	R	A	T	Q	E	L	C	N
L	N	T	C	I	R	E	A	Q
Q	E	C	L	N	A	T	I	R
R	C	L	A	T	Q	N	E	I
E	T	N	I	R	L	C	Q	A
A	I	Q	E	C	N	R	L	T
C	Q	I	N	E	T	A	R	L
N	L	E	R	A	I	Q	T	C
T	A	R	Q	L	C	I	N	E

No 257

H	R	S	Q	P	I	D	Y	A
Y	A	Q	S	H	D	I	R	P
D	P	I	A	Y	R	H	Q	S
S	Y	P	R	D	Q	A	I	H
Q	H	A	I	S	Y	P	D	R
I	D	R	H	A	P	Y	S	Q
A	I	H	Y	Q	S	R	P	D
P	Q	Y	D	R	H	S	A	I
R	S	D	P	I	A	Q	H	Y

No 258

G	M	A	I	T	R	E	S	N
I	E	N	S	G	M	T	A	R
T	S	R	E	N	A	M	I	G
A	N	T	M	R	E	S	G	I
E	R	S	G	I	T	N	M	A
M	G	I	A	S	N	R	E	T
N	I	E	T	M	G	A	R	S
R	A	G	N	E	S	I	T	M
S	T	M	R	A	I	G	N	E

No 259

P	K	I	L	A	N	S	T	E
S	E	L	T	P	I	A	N	K
A	T	N	K	E	S	P	L	I
E	L	P	A	S	K	N	I	T
N	I	T	P	L	E	K	S	A
K	S	A	N	I	T	E	P	L
T	N	S	E	K	L	I	A	P
I	P	K	S	T	A	L	E	N
L	A	E	I	N	P	T	K	S

No 260

C	N	G	A	E	R	P	H	M
E	H	M	P	G	N	C	A	R
P	R	A	H	M	C	N	E	G
A	P	E	M	N	G	R	C	H
N	C	R	E	P	H	M	G	A
M	G	H	C	R	A	E	P	N
R	A	C	N	H	E	G	M	P
G	E	P	R	A	M	H	N	C
H	M	N	G	C	P	A	R	E

Solutions

No 261

T	M	A	O	B	R	C	E	L
E	O	C	L	M	T	A	B	R
R	B	L	A	C	E	O	T	M
L	A	T	E	O	B	R	M	C
O	C	B	M	R	L	E	A	T
M	E	R	C	T	A	L	O	B
A	T	E	R	L	M	B	C	O
B	R	O	T	E	C	M	L	A
C	L	M	B	A	O	T	R	E

No 262

R	L	O	I	M	E	A	K	G
A	I	K	R	G	O	L	E	M
M	E	G	K	L	A	R	I	O
E	O	R	M	I	G	K	A	L
K	M	I	E	A	L	G	O	R
G	A	L	O	K	R	E	M	I
L	G	M	A	E	I	O	R	K
O	K	E	G	R	M	I	L	A
I	R	A	L	O	K	M	G	E

No 263

P	A	O	R	Y	G	T	K	U
T	U	K	A	P	O	R	Y	G
G	Y	R	U	T	K	A	P	O
K	T	A	G	U	R	Y	O	P
R	P	U	O	A	Y	G	T	K
Y	O	G	P	K	T	U	A	R
A	G	Y	K	R	P	O	U	T
O	K	T	Y	G	U	P	R	A
U	R	P	T	O	A	K	G	Y

No 264

B	R	S	G	I	U	L	D	N
N	U	D	R	L	B	S	I	G
L	G	I	S	N	D	U	B	R
R	S	N	L	B	G	D	U	I
I	B	U	N	D	R	G	S	L
D	L	G	U	S	I	R	N	B
S	I	B	D	G	L	N	R	U
U	N	L	B	R	S	I	G	D
G	D	R	I	U	N	B	L	S

No 265

H	O	D	A	K	L	S	R	M
M	A	S	R	H	D	K	O	L
R	K	L	M	S	O	A	H	D
K	D	A	L	O	S	H	M	R
S	R	H	D	M	K	L	A	O
L	M	O	H	R	A	D	S	K
O	S	M	K	L	H	R	D	A
A	L	R	S	D	M	O	K	H
D	H	K	O	A	R	M	L	S

No 266

P	A	H	R	J	E	T	W	N
T	E	W	N	H	A	J	P	R
R	J	N	P	W	T	H	E	A
H	N	T	E	P	W	R	A	J
J	R	P	A	T	H	E	N	W
A	W	E	J	N	R	P	H	T
W	T	J	H	E	N	A	R	P
E	P	A	W	R	J	N	T	H
N	H	R	T	A	P	W	J	E

Solutions

No 267

T	N	D	M	A	K	R	U	E
K	R	U	N	D	E	M	A	T
M	E	A	U	R	T	K	N	D
E	U	K	D	T	R	N	M	A
A	M	N	K	E	U	T	D	R
R	D	T	A	N	M	E	K	U
U	T	M	R	K	D	A	E	N
N	K	E	T	U	A	D	R	M
D	A	R	E	M	N	U	T	K

No 268

P	O	A	I	E	N	S	B	T
B	I	T	S	A	P	E	N	O
S	E	N	O	T	B	A	I	P
I	T	E	P	N	A	O	S	B
N	S	P	B	O	E	T	A	I
O	A	B	T	S	I	P	E	N
T	B	O	A	I	S	N	P	E
E	P	S	N	B	O	I	T	A
A	N	I	E	P	T	B	O	S

No 269

O	F	A	L	H	C	I	S	T
T	I	C	O	A	S	F	L	H
H	S	L	F	T	I	C	O	A
L	H	S	C	F	T	O	A	I
I	T	O	H	L	A	S	F	C
A	C	F	I	S	O	H	T	L
S	L	I	A	O	H	T	C	F
C	A	T	S	I	F	L	H	O
F	O	H	T	C	L	A	I	S

No 270

C	G	T	I	E	F	N	H	A
F	H	N	C	A	G	T	E	I
E	A	I	T	N	H	F	C	G
G	I	F	E	C	A	H	N	T
N	T	C	H	F	I	G	A	E
A	E	H	N	G	T	I	F	C
T	C	E	F	I	N	A	G	H
H	N	G	A	T	E	C	I	F
I	F	A	G	H	C	E	T	N

No 271

I	U	T	R	Z	O	N	S	C
Z	N	R	S	C	T	U	I	O
S	O	C	I	U	N	Z	T	R
N	C	I	U	O	Z	T	R	S
O	T	S	N	R	I	C	U	Z
R	Z	U	C	T	S	O	N	I
T	S	Z	O	N	R	I	C	U
C	I	N	Z	S	U	R	O	T
U	R	O	T	I	C	S	Z	N

No 272

L	K	E	A	G	B	W	U	H
G	A	H	L	U	W	E	B	K
W	B	U	E	K	H	G	A	L
A	U	B	G	L	K	H	E	W
K	L	W	U	H	E	A	G	B
E	H	G	W	B	A	L	K	U
U	W	L	K	E	G	B	H	A
B	E	A	H	W	U	K	L	G
H	G	K	B	A	L	U	W	E

Solutions

No 273

P	J	V	S	T	K	I	A	N
I	A	N	J	V	P	T	S	K
S	T	K	A	I	N	V	P	J
K	V	S	I	P	J	N	T	A
T	I	P	N	S	A	J	K	V
A	N	J	V	K	T	S	I	P
V	K	T	P	N	I	A	J	S
J	S	I	K	A	V	P	N	T
N	P	A	T	J	S	K	V	I

No 274

N	D	A	R	I	Y	L	K	G
R	I	Y	K	G	L	N	D	A
K	L	G	N	D	A	Y	I	R
D	Y	I	G	K	N	A	R	L
G	R	L	D	A	I	K	Y	N
A	N	K	Y	L	R	I	G	D
Y	K	R	L	N	G	D	A	I
I	G	N	A	Y	D	R	L	K
L	A	D	I	R	K	G	N	Y

No 275

J	N	L	O	K	I	E	S	T
I	E	S	L	T	N	K	O	J
O	K	T	S	J	E	L	I	N
N	I	J	T	O	L	S	E	K
S	L	E	J	I	K	N	T	O
T	O	K	E	N	S	J	L	I
E	J	I	N	S	T	O	K	L
K	S	O	I	L	J	T	N	E
L	T	N	K	E	O	I	J	S

No 276

P	L	E	K	Y	A	T	S	R
T	A	Y	R	L	S	P	K	E
S	K	R	T	E	P	L	A	Y
Y	R	K	A	T	L	S	E	P
E	S	P	Y	K	R	A	L	T
A	T	L	S	P	E	R	Y	K
K	Y	S	L	R	T	E	P	A
R	P	A	E	S	K	Y	T	L
L	E	T	P	A	Y	K	R	S

No 277

I	U	T	Y	P	E	N	M	D
Y	N	M	I	D	U	T	P	E
P	E	D	N	T	M	Y	U	I
N	M	U	E	I	T	D	Y	P
D	Y	I	U	M	P	E	N	T
T	P	E	D	Y	N	M	I	U
E	T	N	P	U	Y	I	D	M
U	D	Y	M	E	I	P	T	N
M	I	P	T	N	D	U	E	Y

No 278

T	F	O	V	R	A	P	S	D
S	R	P	O	F	D	T	A	V
D	V	A	S	P	T	R	O	F
F	A	R	P	S	V	D	T	O
V	O	T	F	D	R	S	P	A
P	D	S	A	T	O	V	F	R
R	S	D	T	A	F	O	V	P
A	P	V	D	O	S	F	R	T
O	T	F	R	V	P	A	D	S

Solutions

No 279

S	R	P	I	A	T	E	F	C
F	A	E	S	R	C	P	I	T
I	T	C	E	F	P	S	R	A
T	I	A	R	E	S	C	P	F
C	F	R	P	I	A	T	E	S
E	P	S	T	C	F	R	A	I
A	S	F	C	P	E	I	T	R
R	E	T	A	S	I	F	C	P
P	C	I	F	T	R	A	S	E

No 280

D	U	R	A	S	E	F	I	G
A	I	G	D	R	F	E	U	S
F	E	S	G	U	I	R	A	D
U	S	I	F	A	D	G	E	R
E	G	F	R	I	S	A	D	U
R	D	A	U	E	G	S	F	I
G	A	E	I	D	R	U	S	F
S	F	D	E	G	U	I	R	A
I	R	U	S	F	A	D	G	E

No 281

H	T	K	N	L	I	Y	G	A
G	A	Y	H	T	K	L	I	N
N	I	L	Y	A	G	H	T	K
L	K	A	T	H	Y	I	N	G
Y	G	N	A	I	L	T	K	H
I	H	T	G	K	N	A	Y	L
K	N	I	L	Y	A	G	H	T
A	Y	H	K	G	T	N	L	I
T	L	G	I	N	H	K	A	Y

No 282

N	T	D	O	A	E	M	I	K
I	O	K	D	M	N	A	T	E
E	A	M	K	I	T	D	O	N
D	M	A	I	T	K	E	N	O
O	I	E	M	N	D	K	A	T
K	N	T	E	O	A	I	D	M
M	D	I	N	E	O	T	K	A
A	K	O	T	D	M	N	E	I
T	E	N	A	K	I	O	M	D

No 283

B	L	K	D	R	N	A	E	I
A	R	I	K	B	E	L	D	N
N	D	E	I	L	A	R	K	B
K	E	L	A	N	R	B	I	D
I	N	R	B	D	K	E	A	L
D	B	A	E	I	L	N	R	K
R	K	D	N	E	B	I	L	A
E	I	B	L	A	D	K	N	R
L	A	N	R	K	I	D	B	E

No 284

C	M	B	N	O	A	P	D	R
N	A	D	C	R	P	O	B	M
P	O	R	B	D	M	C	A	N
O	P	A	D	M	R	N	C	B
M	R	C	A	B	N	D	P	O
D	B	N	P	C	O	R	M	A
R	D	M	O	P	B	A	N	C
A	C	O	M	N	D	B	R	P
B	N	P	R	A	C	M	O	D

Solutions

No 285

P	T	R	E	J	I	S	O	N
S	E	O	R	T	N	I	P	J
I	J	N	O	P	S	R	T	E
N	O	P	S	R	J	E	I	T
J	S	E	N	I	T	P	R	O
R	I	T	P	E	O	J	N	S
T	R	J	I	O	E	N	S	P
O	P	S	J	N	R	T	E	I
E	N	I	T	S	P	O	J	R

No 286

I	L	C	V	D	X	E	O	N
O	N	X	I	E	L	V	D	C
E	V	D	N	O	C	I	X	L
X	E	L	O	V	I	C	N	D
V	C	N	X	L	D	O	E	I
D	O	I	C	N	E	L	V	X
C	X	E	D	I	V	N	L	O
L	I	O	E	X	N	D	C	V
N	D	V	L	C	O	X	I	E

No 287

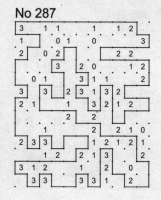

No 288

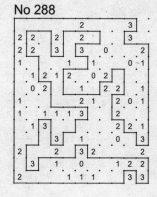

No 289

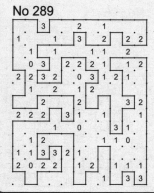

No 290

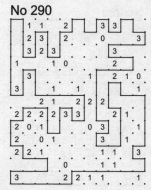

Solutions

No 291

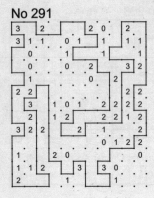

No 292

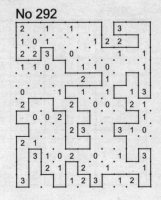

No 293

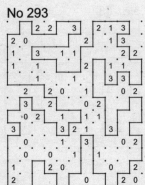

No 294

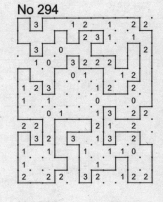

No 295

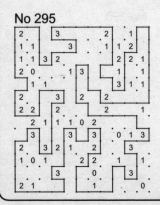

No 296

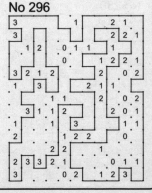

Solutions

No 297

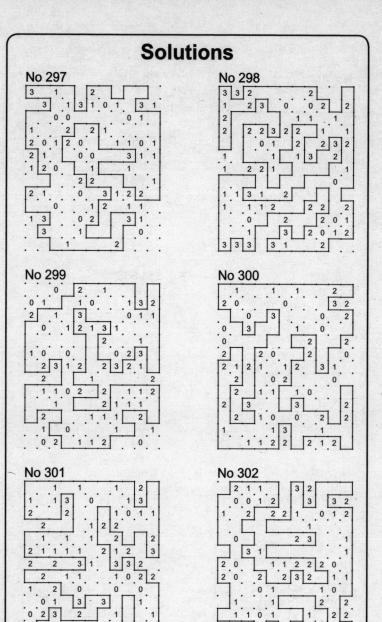

No 298

No 299

No 300

No 301

No 302

Solutions

No 303

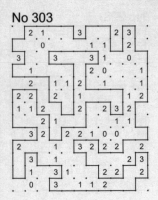

No 304

No 305

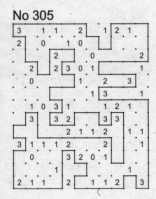

No 306

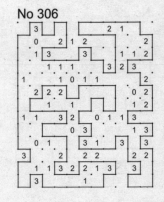

No 307

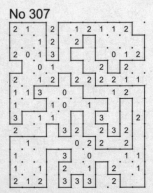

No 308

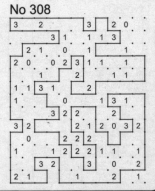

Solutions

No 309
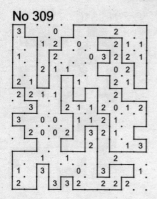

No 310
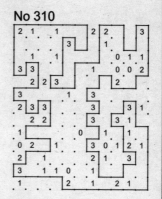

No 311
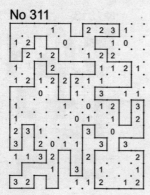

No 312
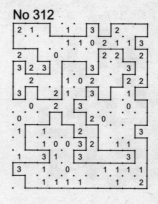

No 313
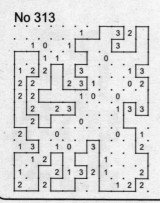

No 314
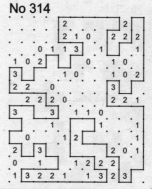

Solutions

No 315

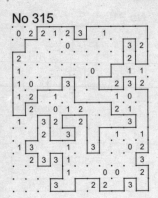

No 316

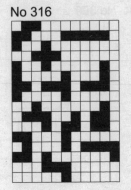

No 317

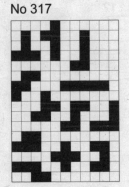

No 318

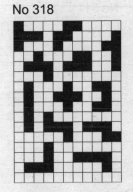

No 319

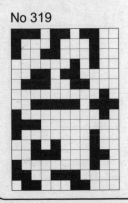

No 320

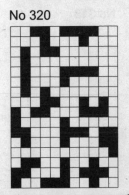

Solutions

No 321

No 322

No 323

No 324

No 325

No 326

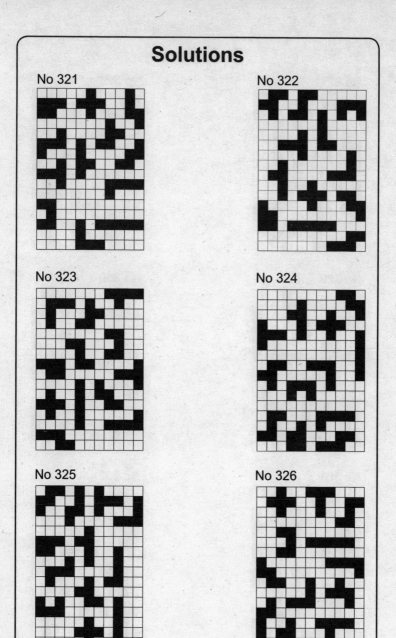

Solutions

No 327

No 328

No 329

No 330

No 331

No 332

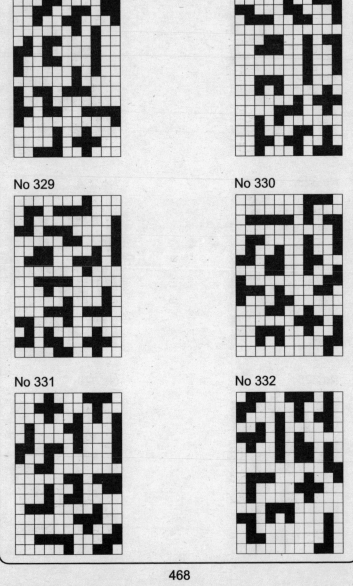

468

Solutions

No 333

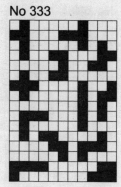

No 335

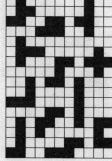

No 337

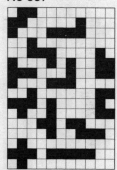

No 334

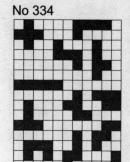

No 336

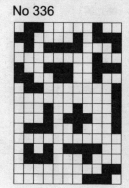

No 338

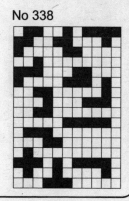

Solutions

No 339

No 340

No 341

No 342

No 343

No 344

Solutions

No 345

1	2	6	5	3	4
3	4	5	2	1	6
2	3	4	6	5	1
4	5	3	1	6	2
6	1	2	3	4	5
5	6	1	4	2	3

No 346

1	3	4	5	2	6
3	5	2	6	4	1
6	2	1	3	5	4
5	4	3	1	6	2
4	6	5	2	1	3
2	1	6	4	3	5

No 347

2	6	3	5	4	1
4	3	5	1	2	6
6	4	2	3	1	5
1	5	6	4	3	2
5	1	4	2	6	3
3	2	1	6	5	4

No 348

3	6	1	2	4	5
4	1	5	6	2	3
6	2	3	4	5	1
1	5	4	3	6	2
2	3	6	5	1	4
5	4	2	1	3	6

No 349

1	5	6	4	3	2
5	4	1	2	6	3
2	3	4	6	5	1
6	2	3	5	1	4
3	6	2	1	4	5
4	1	5	3	2	6

No 350

3	1	4	5	6	2
2	5	6	4	3	1
5	6	2	1	4	3
4	3	5	2	1	6
6	2	1	3	5	4
1	4	3	6	2	5

No 351

6	5	4	3	2	1
2	1	6	4	3	5
1	3	2	6	5	4
5	6	1	2	4	3
3	4	5	1	6	2
4	2	3	5	1	6

No 352

4	1	2	5	6	3
5	4	1	3	2	6
3	6	5	2	4	1
1	5	4	6	3	2
6	2	3	1	5	4
2	3	6	4	1	5

No 353

3	2	4	6	5	1
6	4	5	3	1	2
4	5	3	1	2	6
5	1	2	4	6	3
1	3	6	2	4	5
2	6	1	5	3	4

No 354

2	6	5	3	1	4
4	1	2	6	3	5
5	4	3	2	6	1
1	2	6	4	5	3
3	5	4	1	2	6
6	3	1	5	4	2

No 355

2	4	3	6	1	5
4	3	2	1	5	6
5	2	6	3	4	1
3	1	4	5	6	2
1	6	5	4	2	3
6	5	1	2	3	4

No 356

5	1	4	3	6	2
6	2	1	5	4	3
3	5	6	2	1	4
2	4	5	1	3	6
1	6	3	4	2	5
4	3	2	6	5	1

Solutions

No 357

3	1	2	4	5	6
4	6	3	1	2	5
2	3	5	6	4	1
5	2	1	3	6	4
1	4	6	5	3	2
6	5	4	2	1	3

No 358

1	5	2	6	4	3
5	6	4	3	2	1
3	2	1	5	6	4
6	4	3	1	5	2
2	3	6	4	1	5
4	1	5	2	3	6

No 359

6	2	1	5	3	4
4	3	2	6	1	5
2	1	4	3	5	6
3	5	6	4	2	1
5	6	3	1	4	2
1	4	5	2	6	3

No 360

3	2	4	1	5	6
6	3	1	5	2	4
4	1	5	6	3	2
1	5	2	4	6	3
2	4	6	3	1	5
5	6	3	2	4	1

No 361

5	2	3	1	4	6
3	4	5	2	6	1
6	3	1	5	2	4
4	5	6	3	1	2
2	1	4	6	5	3
1	6	2	4	3	5

No 362

1	5	4	2	6	3
6	3	1	4	5	2
4	6	2	1	3	5
5	2	3	6	1	4
2	1	5	3	4	6
3	4	6	5	2	1

No 363

3	5	6	2	4	1
5	4	2	6	1	3
1	6	4	3	2	5
6	2	5	1	3	4
4	3	1	5	6	2
2	1	3	4	5	6

No 364

3	4	1	5	6	2
1	6	5	4	2	3
5	3	2	6	1	4
4	2	6	3	5	1
2	5	4	1	3	6
6	1	3	2	4	5

No 365

6	5	4	1	2	3
2	1	5	3	6	4
5	3	2	4	1	6
3	6	1	5	4	2
4	2	3	6	5	1
1	4	6	2	3	5

No 366

3	5	2	1	6	4
2	4	6	5	1	3
4	2	3	6	5	1
5	6	1	4	3	2
1	3	5	2	4	6
6	1	4	3	2	5

No 367

4	6	2	1	3	5
3	4	6	5	2	1
5	1	3	6	4	2
2	5	4	3	1	6
1	2	5	4	6	3
6	3	1	2	5	4

No 368

4	1	3	2	6	5
1	5	4	3	2	6
3	6	5	1	4	2
2	4	1	6	5	3
6	3	2	5	1	4
5	2	6	4	3	1

Solutions

No 369

4	5	1	6	3	2
2	4	3	5	1	6
1	3	2	4	6	5
6	1	4	2	5	3
3	6	5	1	2	4
5	2	6	3	4	1

No 370

6	5	2	1	4	3
5	1	3	6	2	4
2	6	4	3	1	5
1	4	5	2	3	6
4	3	1	5	6	2
3	2	6	4	5	1

No 371

5	2	6	3	4	1
2	3	5	4	1	6
1	6	4	2	3	5
3	5	2	1	6	4
6	4	1	5	2	3
4	1	3	6	5	2

No 372

3	5	4	2	6	1
2	1	5	6	3	4
5	4	6	1	2	3
6	2	1	3	4	5
1	3	2	4	5	6
4	6	3	5	1	2

No 373

4	5	3	6	1	2
5	3	6	1	2	4
2	4	5	3	6	1
1	2	4	5	3	6
6	1	2	4	5	3
3	6	1	2	4	5

No 374

1		0			1		●	2	
●			2	●		1			●
●	●	●		1	1		1	2	
2		3		1		1	●	2	
2		2	●			3	3		●
●	●			2	●	●		●	2
3	●				3			3	
3	4	●	3	●		2	●	3	●
●	●		3	●				●	3
3	●		1		1			1	

No 375

0	1	●	●	2		●	1	1	●
2				●	2		1		
●	●		0		1		2	2	1
					1	1	●	●	
0				●					
		●	5	●	●	1		2	●
0	2	●		●	4			●	3
	1		●	●	2	0		3	●
	1		4					2	●
	●	2	●	●	●	1			

Solutions

No 376

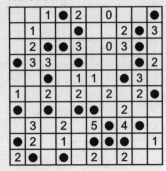

		1	●	2		0			●
	1			●			2	●	3
	2	●	●	3		0	3	●	
●	3	3		●				●	2
		●		1	1		●	3	
1		2		2		2		2	●
●		●		●	●		2		
	3		2		5	●	4	●	
●	2		1		●	●	●		1
2	●		●		2		2		

No 377

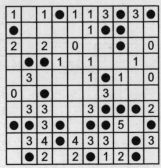

1		1	●	1	1	3	●	3	●
●					1	●	●		
2		2		0			●		0
	●	●	1		1			1	
	3				1	●	1		0
0		●				3			
	3	3			3	●	●	●	2
●	●	3	●		●	●	5		●
	3	4	●	4	3	3		●	3
	●	2			2	●	1	2	●

No 378

2	●		●		0		2	●	1
●		3	●	2		2	●		
●		1			1	●			0
	1		0		2			0	
1			0	2	●		1		
	●		2	4	●	●		1	
	●	5	●	●			2	●	2
2	●	●	4			2	3	3	●
	4		●	2	1	●	●		
1	●	●	●					1	

No 379

		1			●		1		
1	●		0	2	●		●	1	0
2			1		1			2	1
●	1		●	2				2	●
	1		●			3	●		
		1		1	●	●			
●			2				●	●	2
1		0		●	●		●	6	
2			2	3	3	5	●	●	2
●	●		●		1	●	●		

No 380

	1					1		●	2
	●	2	1				●	3	●
2	2		●			●	4		1
	●		1	1		●	●		
●	3	2		0		3	3		1
4	●				2	●			●
●	●		0	1	3	●	3		
		4			●		●		0
1	●	●	●			●	●		1
	3	●		3	●	3			

No 381

		3		●	1			●	
2	●	●	●	2		0	1	1	
2	●			1	0		1		1
	1						1	●	
0		0	2	●		0	2		●
			4	●				●	3
		●	●		●	3	●	3	●
0		5	●	●	●	3	2	4	
		●	●	5				●	●
	1	2		●	2	●		2	

Solutions

No 382

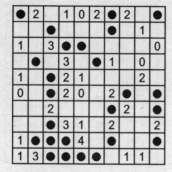

●	2		1	0	2	●	2		●
		●				●		1	
1		3	●	●					0
	●		3		●	1		0	
1		●	2	1				2	
0		●	2	0		2	●		●
		2				●	2		
		●	3	1		2			2
1	●	●	●	4		●			●
1	3	●	●	●	●			1	1

No 383

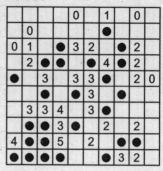

				0		1		0	
	0					●			
0	1		●	3	2		●	2	
	2	●	●		●	4	●	2	
●		3		3	3	●		2	0
		●		●	3		●		
	3	3	4		3	●			
	●	●	3	●		2		2	
4	●	●	5		2			●	●
●	●	●	●			●	3	2	

No 384

1	2	●	●	1		●	2	1
2	●			1	1		●	4
●	2			1		2	●	●	●
		3	●			1		4	●
	●	5	●		0			2
2	●	●					●	1
	5	●	●	2		0			2
1	●	●	●		1	1	1	●
	2		2		●	3			1
			2	●		●	1	

No 385

●	●					●			●
3	3			0	1		2	4	●
	●		0			0		●	●
3		3				2	2		
●	●	2	●	3	●	●	2	0	
	3				●	●		0	
3	●	3	2	5	●		2	1	
●	●	3	●	●	●		●	2	
2							2	●	1
0	1	●		0					

No 386

	●	●		●	3	●		0	
	3	3	2	2	4	●	2		
	●	1			●		4	3	●
3		3		●	●	●	●	●	
●	●	●		3	●	●			1
		2		1	2			0	
0			2				0		
		●	2	●					
1	2			1		●	4	●	2
●	1					2	●	●	

No 387

	1	2	●	2				2	●
●			●		0		●		1
●	2			2		2		1	
		1			●	1	1		
	0	2	●	●				●	
		●			2	1		2	●
	●	5	●			2	●	1		2
2	●	●	4	●				2	●
	●			3	●	3	2	3	●
0	1		1		●	●		●	

Solutions

No 388

●	2			0			2	1	
1		●				●	●	2	
0	1					●	4	3	●
1			1	0			3	●	
2	●	●			1	●		2	●
●		3	3				1	2	2
	2	2	●	●	●	3		2	●
		●	5		●	4	●	4	
1	●	●		●			●	3	●
1	2	2		●	2	1			

No 389

1	●			●	2	●			●
		2				1	1		1
0		●		1					
	3	●	3	●			●	2	●
	●	4	3	1	1		2	3	2
●	●	●		1		1		●	
2			●				●	●	3
1	1			2	2	●	4	●	2
	●			●	3		3	2	1
●	2	2	●	●	2		●		

No 390

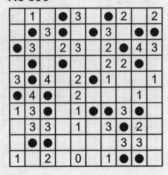

	1		●	3		●	2		2
	●	3	●		●	3		●	●
●	3		2	3		2	●	4	3
	●		●			2	2	●	
3	●	4		2	●	1			1
●	4	●		2				1	
1	3	●		1	●	●	3	●	
	3	3		1		3	●	2	
	●	●					3	3	
1		2		0		1	●	●	

No 391

		●	1		1	●	1	0	
1	●								
		2	0		2	●	●	1	
	●	2	1			●	3		
	2	3	●			3	2		
2	●			2	●	2	●		1
3	●				3			3	●
	●		1	●	●	3	●		2
●	●	5			●		3	●	
3	●	●	●	2	2	●	2	1	

No 392

		0		●		2	3	●	
0				●	4	●	●		1
		●	●	●		3	2		
		4	●	●	●		1		0
1	●			3		2	●		2
1		1		0				●	●
		3	2			●		2	
1	●	●	●		3	●			
	4	●	7	●				0	
0		●	●	●			0		

No 393

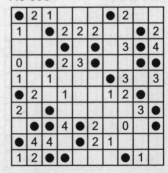

●	2	1				●	2		
1		●	2	2	2			●	2
		●		●		3	●	4	
0		●	2	3	●			●	●
1		1				●	3		3
●	2		1			1	2	●	
2		●						3	●
	●	●	4	●	2		0		●
●	4	4		●	2	1			
1	2	●	●					●	1

476

Solutions

No 394

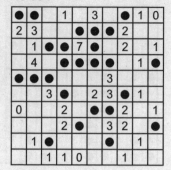

No 395

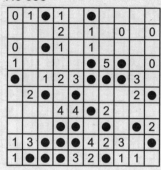

No 396

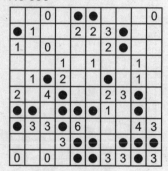

No 397

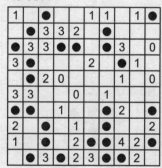

No 398

No 399

Solutions

No 400

1	●	●	●		0	0		●	
1	3	●	●	2			1	1	
		3	2	1			1		
3	●	3				●		1	
●	●	●		0		●	5	●	
	●		1		3	●		●	●
	2	2			●	2		3	●
	●	2	1			2	0		
	2	●	3		●				1
			●	●	2		1	●	

No 401

0						1	2	●	1
			1			●		3	
0	1	●			2		●	2	●
1			3	●	1				1
●	1		●	5					
	1		●	●	●		0	1	●
			●	5				1	
●		●	4	●					1
4	●	4	5	●	3		3	●	2
●	●	3	●	●				●	●

No 402

♦		●	■	▲	
■			●	♦	▲
	●	■	▲		♦
	▲	♦		■	●
●	♦	▲			■
▲	■		♦	●	

No 403

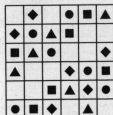

♦			●	■	▲
♦	●	▲	■		
■	▲	●			♦
▲			♦	●	■
		■	▲	♦	●
●	■	♦		▲	

No 404

	♦	▲		■	●
	▲	●	■	♦	
■		♦	▲	●	
♦		■	●		▲
▲	●		♦		■
●	■			▲	♦

No 405

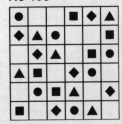

●			■	♦	▲
♦	▲	●			■
	♦	▲		■	●
▲	■		♦	●	
	●	■	▲		♦
■		♦	●	▲	